当代中国微记录

GLIMPSES OF CONTEMPORARY CHINA

「都市情怀」

COSMOPOLITAN LIFE IN MODERN CHINA

李禄兴 主编

袁 牧 王伟明 彭 博 编著

Chief compiler: Li Luxing

Compilers: Yuan Mu Wang Weiming Peng Bo

SinolinguA

华语教学出版社

First Edition 2019

ISBN 978-7-5138-1513-0

Published by Sinolingua Co., Ltd
24 Baiwanzhuang Road, Beijing 100037, China
Tel: (86)10-68320585 68997826
Fax: (86)10-68997826 68326333
http://www.sinolingua.com.cn
E-mail: hyjx@sinolingua.com.cn
Facebook: www.facebook.com/sinolingua
Printed by Beijing Xicheng Printing Co. Ltd

Printed in the People's Republic of China

编者的话

近年来，中国在国际上的影响力逐渐增强，很多人渴望了解中国，不仅想了解中国的古老文明，更希望了解当下的中国社会和普通中国人的日常生活。另外，随着孔子学院和孔子课堂在世界各地生根，大量学生，特别是中小学生在学习汉语过程中希望通过语言学习更直接地认识这个古老国家的今天是什么样子的。同时，笔者根据在海外多年的教学经历也体会到，如果一个学生对使用该语言的国家一无所知或知之不多，往往会影响他们对这种语言的学习兴趣。

了解中国，从细微处开始，于是有了这套“当代中国微记录”。这套书共10册，每一册着重介绍中国的某一方面，例如：饮食、交通、家庭，等等，针对新HSK水平考试5级以上汉语学习者，尽可能将词汇量限定在2500-3000范围以内，超范围词汇在词后直接加英文注释，以方便学习者阅读和理解。本套书以平民的视角、平实的语言和家长里短的故事性叙述，将当今中国的各个侧面展现在汉语学习者面前，汉语学习者可以边学汉语边达到了解现实中国的目的。为减轻学习者的畏难心理负担，每册书只有大概一万多汉字，并全部配有汉语拼音，附赠的拼音隐形卡可以给不需要拼音辅助的学习者提供帮助。书中有大量图片，便于学习者理解内容，对中国有更直观的认知。这套书可以作为孔子学院或孔子课堂的汉语教材使用，也可以做中国国情课的教材或汉语课外读物。

感知中国，从“当代中国微记录”开始！

编　者

目录 | CONTENTS

" Yī Xiàn Chéngshì " De Mèilì
"一线城市"的魅力

Xiǎoyǔ dàxué bìyè zhīhòu, fùmǔ xīwàng tā huídào
小宇大学毕业之后，父母希望他回到
jiāxiāng de xiànchéng, kǎoqǔ gè gōngwùyuán, zhèyàng jì
家乡的县城，考取个公务员，这样，即
yǒu yí fèn wěndìng de gōngzuò, hái néng péipei fùmǔ. Lìng
有一份稳定的工作，还能陪陪父母。另
wài, jiāxiāng rénmài guǎng, duì Xiǎoyǔ
外，家乡人脉(social connections)广，对小宇

北京王府井

de zhíyè fāzhǎn yě huì yǒu bāngzhù.
的职业发展也会有帮助。

Dànshì Xiǎoyǔ méiyǒu tīngcóng fùmǔ de yìjiàn, zhíjiē dào
但是小宇没有听从父母的意见，直接到
Běijīng qù zhǎo gōngzuò le. Tā shuō: "Wǒ de tóngxuémen
北京去找工作了。他说："我的同学们
bìyè hòu dōu qùle 'Běi-Shàng-Guǎng', wǒ kě bú zài xiǎo
毕业后都去了'北上广'，我可不在小
xiànchéng li guò yíbèizi."
县城里过一辈子。"

Xiǎoyǔ shuō de "Běi-Shàng-Guǎng", shì rénmen duì
小宇说的"北上广"，是人们对
Běijīng, Shànghǎi, Guǎngzhōu zhè sān zuò chéngshì de
北京、上海、广州这三座城市的
jiǎnchēng, yě shì rénmen xīnzhōng pǔbiàn rènwéi de yī xiàn
简称，也是人们心中普遍认为的一线
chéngshì de dàibiǎo.
城市的代表。

Suǒwèi yī xiàn chéngshì, zhǐ de shì nàxiē jīngjì fāzhǎn
所谓一线城市，指的是那些经济发展
hǎo, chéngshì fāzhǎn shuǐpíng gāo, guójì jìngzhēng nénglì
好、城市发展水平高、国际竞争能力
qiáng de chéngshì. Zhè zhǐshì mínjiān de yì zhǒng shuōfǎ, yě
强的城市。这只是民间的一种说法，也
huì zài méitǐ bàodào de shíhou bèi yòngdào, bú shì xíngzhèng
会在媒体报道的时候被用到，不是行政
fāngmiàn de huàfēn. Zhōngguó dà bùfen de zhèngzhì, jīngjì
方面的划分。中国大部分的政治、经济

上海世博会

hé wénhuà zīyuán, jízhōng zài yī xiàn chéngshì; hěn duō guójì
和文化资源，集中在一线城市；很多国际

shang zhùmíng de wàizī qǐyè, yě dōu zhǐ zài yī xiàn
上著名的外资企业，也都只在一线

chéngshì shèlì fēngōngsī. Xiǎnrán, zài zhèyàng de chéngshì li
城市设立分公司。显然，在这样的城市里

gōngzuò, hěn róngyì huòdé gèng gāo de bàochou, gèng duō de
工作，很容易获得更高的报酬、更多的

jīhuì hé gèng yuǎndà de qiántú.
机会和更远大的前途。

Yīnwèi yī xiàn chéngshì zài Zhōngguó de zhèngzhì,
因为一线城市在中国的政治、

jīngjì děng shèhuì huódòng zhōng chǔyú xiāngduì zhòngyào de
经济等社会活动中处于相对重要的

dìwèi, tóngshí jùyǒu fúshè dàidòng nénglì,
地位，同时具有辐射 (to radiate) 带动能力，

suǒyǐ yī xiàn chéngshì de shēnghuó jiézòu hěn kuài, jìngzhēng
所以一线城市的生活节奏很快，竞争
xiāngduì jīliè. Zhè shì hěn duō niánqīngrén dōu xiàngwǎng
相对激烈。这是很多年轻人都向往
de gōngzuò zhuàngtài hé shēnghuó zhuàngtài. Suǒyǐ,
的工作状态和生活状态。所以，
měi nián dōu yǒu dàliàng de dàxué bìyèshēng dào yī xiàn
每年都有大量的大学毕业生到一线
chéngshì qù gōngzuò.
城市去工作。

Lìngwài háiyǒu yì zhǒng hěn yǒuqù de xiànxiàng: Hěn duō
另外还有一种很有趣的现象：很多
rén zài yī xiàn chéngshì zhōng bìng méiyǒu zhǎodào shífēn lǐxiǎng
人在一线城市中并没有找到十分理想
de gōngzuò, shōurù yě bǐjiào dī, shènzhì hái guòzhe bú tài
的工作，收入也比较低，甚至还过着不太
hǎo de shēnghuó, dàn tāmen jiùshì bú yuànyi líkāi,
好的生活，但他们就是不愿意离开，
nìngyuàn xuǎnzé zài yī xiàn chéngshì li zhù dìxiàshì, chī zuì
宁愿选择在一线城市里住地下室，吃最
liánjià de shíwù. Zhè zhǒng shēnghuó zhuàngtài, bèi chēngwéi
廉价的食物。这种生活状态，被称为
"piāo". Bǐrú zài Běijīng de zhè lèi rénqún, bèi chēngwéi
“漂”。比如在北京的这类人群，被称为
"běipiāo". zhè xiē rén duì zìjǐ de lǐxiǎng yǒuzhe hěn jiāndìng
“北漂”。这些人对自己的理想有着很坚定
de xìnniàn, tāmen kěwàng chénggōng, jiānxìn zài yī xiàn
的信念，他们渴望成功，坚信在一线

chéngshì huì yǒu yìjǔ chénggōng de jīhuì . Ér yídàn
城市 会 有 一举 成功 的 机会。而 一旦
jiéshùle “piāo” de shēnghuó , huídào zìjǐ de jiāxiāng
结束了“漂”的 生活 ，回到 自己 的 家乡
huòzhě dào qítā chéngshì xúnqiú fāzhǎn , yěxǔ rìzi huì guò
或者 到 其他 城市 寻求 发展，也许 日子 会 过
de hěn hǎo , dànshì kěnéng wèibì shì tāmen xiǎng yào de
得 很 好，但是 可能 未必 是 他们 想 要 的
“chénggōng”. “Piāo yì zú” zài yī xiàn chéngshì zhōng yǐjīng
“成功”。“漂 一 族”在 一线 城市 中 已经
jùyǒu yídìng de guīmó , chéngwéi yì zhǒng shèhuì xiànxiàng yǔ
具有 一定 的 规模，成为 一 种 社会 现象 与
wénhuà xiànxiàng , shènzhì hěn duō wàiguórén yě dōu xǐhuan shàng
文化 现象 ，甚至 很多 外国人 也 都 喜欢 上
le “piāo” zài Zhōngguó de shēnghuó .
了“漂”在 中国 的 生活 。

Zhōngguó de yī xiàn chéngshì , chúle Běijīng , Shànghǎi ,
中国 的 一线 城市 ，除了 北京、上海、
Guǎngzhōu , hái yǒu jīngjì bǐjiào fādá de Shēnzhèn hé
广州 ，还 有 经济 比较 发达 的 深圳 和
Xiānggǎng . Lìngwài , Zhōngguó zuì quánwēi de diànshì méitǐ
香港 。另外， 中国 最 权威 的 电视 媒体
CCTV míngquè de tíchū guo , Tiānjīn hé Chóngqìng yě
CCTV 明确 地 提出 过，天津 和 重庆 也
yǐjīng chéngwéile yī xiàn chéngshì .
已经 成为了 一线 城市 。

Chúle zhè jǐ gè gōngrèn de yī xiàn chéngshì , háiyǒu
除了 这 几 个 公认 的 一线 城市 ，还有

yìxiē qítā de chéngshì， tāmen duì Zhōngguó de jīngjì
一些其他的城市，它们对中国的经济
huódòng hé shèhuì huódòng yě dōu jùyǒu yídìng de yǐngxiǎng，
活动和社会活动也都具有一定的影响，
zhǐshì méiyǒu zhàndào zhǔdǎo dìwèi， yǐngxiǎng yě méiyǒu nàme
只是没有占到主导地位，影响也没有那么
dà. Dànshì zhèxiē chéngshì zài tā suǒzài de shěngfèn zhīnèi，
大。但是这些城市在它所在的省份之内，
cóng chéngshì jīchǔ jiànshè， jīngjì fāzhǎn zhuàngkuàng，
从城市基础建设，经济发展状况，
wénhuà， zhèngzhì dìwèi fāngmiàn láishuō， dōushì chǔyú lǐngxiān
文化、政治地位方面来说，都是处于领先
dìwèi de. Zhèxiē chéngshì gēnjù yǐshàng zhūduō yīnsù
地位的。这些城市根据以上诸多因素
héngliáng， kěyǐ fēnwéi èr xiàn chéngshì， sān xiàn
衡量 (to judge)，可以分为二线城市、三线
chéngshì ……
城市……

Zhōngguó zhǔyào de èr xiàn chéngshì bāokuò Hā'ěrbīn，
中国主要的二线城市包括哈尔滨、
Chángchūn， Shěnyáng， Dàlián， Jǐnán， Qīngdǎo， Nánjīng，
长春、沈阳、大连、济南、青岛、南京、
Hángzhōu， Níngbō， Xiàmén， Guǎngzhōu， Wǔhàn， Chéngdū，
杭州、宁波、厦门、广州、武汉、成都、
Xī'ān děng chéngshì.
西安等城市。

Zhōngguó zhǔyào de sān xiàn chéngshì zhōng yě yǒu
中国主要的三线城市中也有

yìxiē shěnghuì chéngshì, bǐrú Yínchuān, Xīníng, Hǎikǒu
一些省会城市，比如银川、西宁、海口

děng. Cǐwài hái bāokuò Jílín, Fùxīn, Chéngdé,
等。此外还包括吉林、阜新、承德、

Jiǔquán, Yùnchéng, Hézé, Luòyáng, Zìgòng, Zhūhǎi
酒泉、运城、菏泽、洛阳、自贡、珠海

děng chéngshì.
等城市。

Jíbié yuè dī de chéngshì, jūzhù hé gōngzuò de
级别越低的城市，居住和工作的

shūshìdù, fǎn'ér yuè gāo. Zhè shì yīnwèi zhèxiē chéngshì de
舒适度，反而越高。这是因为这些城市的

shēnghuó jiézòu xiāngduì bǐjiào màn, shēngcún yālì bú dà;
生活节奏相对比较慢，生存压力不大；

tóngshí, chéngshì jiànshè hé jiāotōng de fādá chéngdù bǐjiào
同时，城市建设和交通的发达程度比较

dī, fǎn'ér néng ràng rénmen gèng qīnjìn zìrán, hūxī dào
低，反而能让人们更亲近自然，呼吸到

xīnxiān de kōngqì.
新鲜的空气。

Rúguǒ nǐ yǒu jīhuì yóulì jǐ gè Zhōngguó
如果你有机会游历 (to travel) 几个中国

de chéngshì, nǐ kěyǐ míngxiǎn de gǎnjué dào, bùtóng jíbié
的城市，你可以明显地感觉到，不同级别

de chéngshì chābié háishi tǐng dà de, érqiě rén de jīngshén
的城市差别还是挺大的，而且人的精神

zhuàngtài yě yǒu míngxiǎn chāyì.
状态也有明显差异。

Xiǎochī, lìng yí dào Zhōngguó Fēngjǐng
小吃，另一道中国风景

Zhōngguó shì yí gè yǒuzhe yōujiǔ de yǐnshí wénhuà de
中国是一个有着悠久的饮食文化的

guójiā. Mínjiān cháng shuō "mín yǐ shí wéi tiān", kějiàn
国家。民间常说"民以食为天"，可见

yǐnshí zài rénmen shēnghuó zhōng de zhòngyào chéngdù. Zài
饮食在人们生活中的重要程度。在

Zhōngguó bùtóng lèixíng de yǐnshí zhōng, xiǎochī shì zuì jùyǒu
中国不同类型的饮食中，小吃是最具有

dìfāng tèsè de dàibiǎo, kěyǐ fǎnyìng chū yí gè dìfang, yí
地方特色的代表，可以反映出一个地方、一

北京小吃

gè chéngshì de lìshǐ chuántǒng, shèhuì fēngmào hé shēnghuó
个城市的历史传统、社会风貌和生活

xísú. Xiǎochī shì xiāngduì yú zhèngcān ér yán de yì zhǒng
习俗。小吃是相对于正餐而言的一种

yǐnshí, lèisì yú língshí, huòzhě shì cān hòu de diǎnxin,
饮食，类似于零食，或者是餐后的点心，

lìrú tāngyuán, niángāo, zòngzi, mǐfěn, yóuchá děng.
例如汤圆、年糕、粽子、米粉、油茶等。

Zhōngguó de xiǎochī zhǒnglèi zhòngduō, měi gè chéngshì
中国的小吃种类众多，每个城市

dōu yǒu zìjǐ de dàibiǎoxìng xiǎochī. Shànghǎi de xiǎolóngbāo,
都有自己的代表性小吃。上海的小笼包、

Běijīng de lǘdǎgǔn, Chángshā de chòudòufu, Wǔhàn de
北京的驴打滚、长沙的臭豆腐、武汉的

règānmiàn, Xī'ān de yángròupàomó, Bǎodìng de lǘròuhuǒshao,
热干面、西安的羊肉泡馍、保定的驴肉火烧、

Nánjīng de yāxuèfěnsītāng … měi yì zhǒng xiǎochī dōu shì
南京的鸭血粉丝汤……每一种小吃都是

zhège chéngshì de yì zhāng tèshū de míngpiàn
这个城市的一张特殊的名片 (business

.
card)。

Xiǎo Zhāng shì yí gè měishí àihàozhě, tā yóuqí xǐhuan
小张是一个美食爱好者，他尤其喜欢

gèdì de bùtóng xiǎochī. Wèicǐ tā zhuānmén huìzhì
各地的不同小吃。为此他专门绘制 (to draw)

le yí fèn měishí dìtú, zhìzuòle yí fèn lǚxíng jìhuá,
了一份美食地图，制作了一份旅行计划，

míngzi jiù jiào “ tàzhe xiǎochī de zújì ”, wǔ nián lái, tā
名字就叫“踏着小吃的足迹”，五年来，他
yǐjīng zǒuguò le bàn gè Zhōngguó, pǐncháng dào le shàngqiān
已经走过了半个中国，品尝到了上千
zhǒng bùtóng de xiǎochī. Tā shuō, nǐ dàoguo yí gè
种不同的小吃。他说，你到过一个
chéngshì, dànshì què méiyǒu pǐnchángguo nàli de xiǎochī,
城市，但是却没有品尝过那里的小吃，
nàme nǐ jiù gēn méi qùguo yíyàng, zhège chéngshì bìrán bú
那么你就跟没去过一样，这个城市必然不
huì liú gěi nǐ zuì shēnkè de jìyì. Jiù xiàng nǐ qù Běijīng
会留给你最深刻的记忆。就像你去北京
yídìng yào qù chángchang wāndòuhuáng, lǘdǎgǔn, àiwōwo,
一定要去尝尝豌豆黄、驴打滚、艾窝窝，
zhèxiē kě dōu shì guòqù huánggōng lǐ de diǎnxin, shì xiǎochī
这些可都是过去皇宫里的点心，是小吃
zhōng de guìzú; dàole Shànghǎi jiù yídìng bié cuòguò qù
中的贵族；到了上海就一定别错过去
Chénghuángmiào chī yi chī Nánxiáng xiǎolǒng, Mǎnyuánchūn de
城隍庙吃一吃南翔小笼、满园春的
bābǎofàn hé Lùbōláng cāntīng de zǎonísūbǐng de jīhuì;
八宝饭和绿波廊餐厅的枣泥酥饼的机会；
jìnle Chángshā yídìng yào rùxiāng-suísú, lái yí fèn chòudòufu,
进了长沙一定要入乡随俗，来一份臭豆腐，
suīrán wén qǐlai chòu, kě chī qǐlai què shì zhēn de xiāng.
虽然闻起来臭，可吃起来却是真的香。
Jīnnián xiàtiān, Xiǎo Zhāng hé tā de huǒbànmen de mùdì
今年夏天，小张和他的伙伴们的目的地

shì Xīnjiāng， tāmen yào qù pǐncháng yíxià zuì zhèngzōng de
是新疆，他们要去品尝一下最正宗的
yángròuchuàn， yě yào qù gǎnshòu yíxià Xīnjiāng chōngmǎn
羊肉串，也要去感受一下新疆充满
mínzú sècǎi de shēnghuó.
民族色彩的生活。

Xiǎochī， tǐxiànzhe yí gè chéngshì de zìrán tiáojiàn hé
小吃，体现着一个城市的自然条件和
lìshǐ wénhuà chuántǒng. Běifāng qìhòu hánlěng， zhǔyào de
历史文化传统。北方气候寒冷，主要的
nóngzuòwù shì xiǎomài， yīncǐ zài dàbùfen de běifāng
农作物是小麦，因此在大部分的北方
chéngshì， xiǎochī yě shì yǐ rè de miànshí wéizhǔ， lìrú
城市，小吃也是以热的面食为主，例如
Shānxī de dāoxiāomiàn， Lánzhōu de lāmiàn， Xīnjiāng de
山西的刀削面、兰州的拉面、新疆的

lātiáozi . Běijīng céngjīng shì yí gè duō mínzú jùjū de
拉条子。北京 曾经 是 一 个 多 民族 聚居 的

chéngshì , yīncǐ Běijīng de xiǎochī rónghéle hànzú , huízú ,
城市，因此 北京 的 小吃 融合了 汉族、回族、

mǎnzú děng duō gè mínzú de tèdiǎn . Zuòwéi liùcháo gǔdōu de
满族 等 多 个 民族 的 特点。作为 六朝 古都 的

Nánjīng , qí xiǎochī yě yǒu qiānnián de lìshǐ , duōdá bǎi yú
南京，其 小吃 也 有 千年 的 历史，多达 百 余

zhǒng . Zài Qínhuáihé pàn , zuì bù néng cuòguò de jiù shì
种 。在 秦淮河 畔，最 不 能 错过 的 就 是

“ Qín-Huái bā jué ” : Yǒnghéyuán de huángqiáoshāobing hé
“秦淮 八 绝”：永和园 的 黄桥烧饼 和

Kāiyáng gānsī , Liùfèngjū de dòufulào hé cōngyóubǐng ,
开洋 干丝、六凤居 的 豆腐涝 和 葱油饼 、

Qífānggé de yāyóusūshāobing hé shíjǐncàibāo , Qífānggé de
奇芳阁 的 鸭油酥烧饼 和 什锦菜包、奇芳阁 的

máyóusùgānsī hé jīsījiāomiàn , Liánhúgāotuándiàn de
麻油素干丝 和 鸡丝浇面、 莲湖糕团店 的

guìhuājiāxīnxiǎoyuánxiāo hé wǔsèxiǎogāo , Zhānyuánmiànguǎn de
桂花夹心小元宵 和 五色小糕、 瞻园面馆 的

xūnyúyínsīmiàn hé báopíbāojiǎo , Kuíguānggé de wǔxiāngdòu hé
熏鱼银丝面 和 薄皮包饺、魁光阁 的 五香豆 和

wǔxiāngdàn .
五香蛋 。

Xiǎochī , tǐxiànzhe yí gè chéngshì de xìnggé . Běifāng de
小吃，体现着 一 个 城市 的 性格。北方 的

xiǎochī jiù rútóng běifāngrén de xìnggé yíyàng cūguǎng
小吃 就 如同 北方人 的 性格 一样 粗犷 (bold and

, dàqì , nánfāng shuǐxiāng de xiǎochī jiù
unconstrained)、大气，南方 水乡 的 小吃 就
rútóng shuǐxiāng de jǐngsè yìbān wēnwǎn
如同 水乡 的 景色 一般 温婉 (tranquil and
, jīngzhì , ér xīnán de xiǎochī chùchù tǐxiànzhe
graceful)、精致，而 西南 的 小吃 处处 体现着
huǒlàlà de fēnggé xiǎng yào liǎojiě yí gè Zhōngguó de
火辣辣 的 风格……想 要 了解 一 个 中国 的
chéngshì , xiǎochī wúyí shì yí gè hěn hǎo de qièrùdiǎn
城市，小吃 无疑 是 一 个 很 好 的 切入点 (point
. Qù nèiměnggǔ chīguo yángròu , hēguo jiǔ
of penetration)。去 内蒙古 吃过 羊肉、喝过 酒
zhīhòu , jiù huì zhīdào wèi shénme tāmen de xìnggé nàme
之后，就 会 知道 为 什么 他们 的 性格 那么

南京小吃

háoshuǎng , qù Chángshā chīguo
豪爽 (unrestrained and frank)，去长沙吃过
zhèngzōng de kǒuwèixiā zhīhòu , jiù huì zhīdào wèi shénme
正宗的口味虾之后，就会知道为什么
Húnán de mèizi dōu bèi jiàozuò " làmèizi ", dào Àomén
湖南的妹子都被叫做“辣妹子”，到澳门
chīguo dàntǎ hé jīzǎibǐng hòu , jiù huì zhīdào zhímíndì de
吃过蛋挞和鸡仔饼后，就会知道殖民地的
lìshǐ duì zhèli de yǐngxiǎng .
历史对这里的影响。

Rúguǒ nǐ dào Zhōngguó lái , bùguǎn zài nǎge chéngshì
如果你到中国来，不管在哪个城市
cūnzhèn tíngliú , yídìng yào jìde pǐncháng dāngdì de xiǎochī .
村镇停留，一定要记得品尝当地的小吃。
Suāntiánkǔlà , kǒuwèi bùtóng de xiǎochī kěnéng fēicháng měiwèi ,
酸甜苦辣、口味不同的小吃可能非常美味，
yě kěnéng bù fúhé nǐ de kǒuwèi , dàn dōu huì gěi nǐ liúxià
也可能不符合你的口味，但都会给你留下
shēnkè de yìnxiàng . Xiǎochī dútè de wèidao liántóng nǐ zài
深刻的印象。小吃独特的味道连同你在
zhège dìfang kàndào hé tīngdào de qítā yìnxiàng rónghé zài
这个地方看到和听到的其他印象融合在
yìqǐ , nǐ yídìng huì duì zhège dìfang nányǐ-wànghuái .
一起，你一定会对这个地方难以忘怀。

Chéngshì de Qìzhì

城市的气质 (temperament)

Nǐ zhīdao ma, chéngshì yě shì yǒu qìzhì de, jiù xiàng
你知道吗，城市也是有气质的，就像

wǒmen rén yíyàng, huò zhìpǔ , huò
我们人一样，或质朴 (simple and unadorned)，或

gāoyǎ, huò cūguǎng, huò wēnwǎn lìrú Běijīng, lìshǐ
高雅，或粗犷，或温婉……例如北京，历史

yōujiǔ, chéngzài zhe gǔdài dìwáng de bàqì
悠久，承载着古代帝王的霸气 (imposing

, jùyǒu yōuyuǎn, hòuzhòng de qìzhì; Sūzhōu yīn
manner)，具有悠远、厚重的气质；苏州因

北京

苏州

拉萨

qí xiǎoqiáoliúshuǐ rénjia de shuǐxiāng gǔchéng tèsè bèi
其小桥流水人家的水乡古城特色被
chēngzuò "dōngfāng wēinísī"; lāsà, yīnwèi dútè ér
称作"东方威尼斯";拉萨,因为独特而
nónghòu de zōngjiào wénhuà hé zhuànglì shānshuǐ ér
浓厚 (strong) 的宗教文化和壮丽山水而
xiǎnde zhuāngzhòng, dà qì.
显得庄重、大气。

Chéngshì de qìzhì láizì yú lìshǐ de yǎngchéng, jiù
城市的气质来自于历史的养成,就
xiàng wǒmen měi yígè rén yíyàng, yīdiǎnyīdiǎn de chéngzhǎng
像我们每一个人一样,一点一点地成长
qǐlai, yīdiǎnyīdiǎn de fēngfù qǐlai, suízhe suìyuè de
起来,一点一点地丰富起来,随着岁月的
jīdiàn, zuìzhōng xíngchéng zìjǐ de qìzhì.
积淀 (accumulation),最终形成自己的气质。
Chéngshì de qìzhì hé zài zhège chéngshì zhōng shēnghuó de
城市的气质和在这个城市中生活的
rén de qìzhì shì xiānghù yǐngxiǎng de, běifāng de chéngshì hé
人的气质是相互影响的,北方的城市和
běifāng rén de qìzhì dàduō shì háoshuǎng, dà qì de,
北方人的气质大多是豪爽、大气的,
nánfāng de chéngshì hé nánfāng rén de qìzhì zé dàduō shì
南方的城市和南方人的气质则大多是
wǎnyuē, xìnì de. Biǎomiàn shàng kàn chéngshì
婉约、细腻 (exquisite) 的。表面上看城市
de qìzhì shì yóu chéngshì zhōng de rénmen de qìzhì suǒ
的气质是由城市中的人们的气质所

gòuchéng de, shíjìshang, rén de qìzhì yě huì shòudào
构成的，实际上，人的气质也会受到
chéngshì de yǐngxiǎng, zhújiàn bèi tā shēnghuó de chéngshì suǒ
城市的影响，逐渐被他生活的城市所
gǎnrǎn, gǎibiàn.
感染、改变。

Língyún shì yígè běifāng nǚhái, chūshēng zài Jílínshěng
凌云是一个北方女孩，出生在吉林省
de yígè xiǎo chéngshì, yīzhí zài shěngnèi dúshū, gōngzuò.
的一个小城市，一直在省内读书、工作。
Tā suǒ shēnghuó de chéngshì shì yígè gōngyè chéngshì,
她所生活的城市是一个工业城市，
dàochù shì gōngchǎng, tǐxiàn chū le yī zhǒng gōngyèhuà de
到处是工厂，体现出了一种工业化的
qìzhì. Tā de xìnggé yě shì diǎnxíng de běifāng rén xìnggé,
气质。她的性格也是典型的北方人性格，
xiàng yígè "nǚ hànzi" yíyàng,
像一个“女汉子 (masculine woman)”一样，
háoshuǎng, yǒu jīqíng, shuō dào jiù yào zuòdào. Chuān zhe
豪爽、有激情、说到就要做到。穿着
dǎban shàng yě bǐjiào xǐhuan zhōngxìng de
打扮上也比较喜欢中性 (neutral) 的
xiūxiánzhuāng, huàzhuāng duìyú tā láishuō shì gēnběn bù kěnéng
休闲装，化妆对于她来说是根本不可能
de shìqing. Bìyè hòu tā zài yígè xuéxiào lǐ zuò lǎoshī,
的事情。毕业后她在一个学校里做老师，
yīnwèi xìnggé de yuányīn, tóngxué men dōu hěn xǐhuan tā, bǎ
因为性格的原因，同学们都很喜欢她，把

厦门

tā dàngzuò “ gēmener ” yíyàng xiāngchǔ . Hòulái ,
她 当做 “哥们儿 (buddy)” 一样 相处。后来，

yī cì ǒurán de lǚxíng gǎibiàn le tā . Yígè shǔjià , língyún
一 次 偶然 的 旅行 改变 了 她。一个 暑假，凌云

qù xiàmén lǚxíng , dào le zhège hǎibīn xiǎo chéng
去 厦门 旅行，到 了 这个 海滨 (seaside) 小 城

zhīhòu , tā shēnshēn de ài shàng le zhèli . Zhèli de
之后，她 深深 地 爱 上 了 这里。这里 的

kōngqì zhōng méiyǒu piāofú de chénāi , qǔérdàizhī de shì
空气 中 没有 漂浮 的 尘埃，取而代之 的 是

dàhǎi de qìxī , huā de fēnfāng hé qīngcǎo de
大海 的 气息、花 的 芬芳 (fragrance) 和 青草 的

qīngxīn . Rénmen de shēnghuó jiézòu dōu shì mànmàn
清新。人们 的 生活 节奏 (tempo) 都 是 慢慢

de , shuōhuà dōu shì qīngshēng xìyǔ
的，说话 都 是 轻声 细语 (speak in a soft voice)

de, wánquán méiyǒu jiāxiāng nàzhǒng jíjímángmáng hé
的，完全没有家乡那种急急忙忙和

chāochaonào nào de gǎnjué. Zài xiàmén yǒu xǔduō gōngyìpǐn
吵吵闹闹的感觉。在厦门有许多工艺品

diàn, kāfēiguǎn, dàngāo diàn, nǎichá
(handicraft) 店、咖啡馆、蛋糕店、奶茶 (milk tea)

diàn, měi yígè diànpù dōu jí jù gèxìng, lián bīnguǎn dōu yǔ
店，每一个店铺都极具个性，连宾馆都与

qítā chéngshì yǒuzhe hěn dà de qūbié. xiàmén de měi yígè
其他城市有着很大的区别。厦门的每一个

jiǎoluò dōu tòu zhe wényì de qìzhì, jiù
角落都透着文艺 (literature and art) 的气质，就

xiàng shì yígè shímáo de wényì xiǎoqīngnián yíyàng. Jīngguò
像是一个时髦的文艺小青年一样。经过

yīfān sīxiǎng dòuzhēng, líng yún cíqù le zìjǐ de gōngzuò,
一番思想斗争，凌云辞去了自己的工作，

láidào xiàmén kāi le yī jiā xiǎoxiǎo de hōngbèi
来到厦门开了一家小小的烘焙 (to bake)

diànpù. Sān nián guòqu le, língyún biànchéng le yígè wényì
店铺。三年过去了，凌云变成了一个文艺

nǚ qīngnián, chuān zhe chángqún, huà zhe dànzhuāng
女青年，穿着长裙，化着淡妆 (light

, shuōhuà mànmàn de, ǒuěr hái qù jiǔbā
make-up)，说话慢慢的，偶尔还去酒吧

chàngchànggē. Tā shuō, shì xiàmén zhège chéngshì gěi le tā
唱唱歌。她说，是厦门这个城市给了她

xīn de qìzhì, tā hěn xǐhuan zhè lǐ, yě hěn xǐhuan xiànzài
新的气质，她很喜欢这里，也很喜欢现在

de zìjǐ .
的自己。

Zhōngguó deyù guǎngkuò , xī yǒu shāmò gēbì ,
中国地域广阔，西有沙漠戈壁(Gobi)，
dōng yǒu liáokuò hǎiàn , běi yǒu cǎoyuán sēnlín ,
东有辽阔海岸(seashore)，北有草原森林，
nán yǒu rèdài hǎidǎo , dútè de delǐ huánjìng gěi gègè
南有热带海岛，独特的地理环境给各个
deqū de chéngshì fùyǔ le xiāntiān tèzhì . Tāmen yǐ qí
地区的城市赋予了先天特质。它们以其
dútè de qìzhì , xīyǐn zhe láizì sìmiànbāfāng
独特的气质，吸引着来自四面八方(all
de rénmen .
directions)的人们。

Yì Fāng Shuǐtǔ Yǎng Yì Fāng Rén

一方水土养一方人

Ā huá shì Guǎngdōngrén, gāozhōng bìyè hòu kǎorù
阿华是广东人，高中毕业后考入
Běijīng de yì suǒ zhīmíng dàxué. Zài dàxué de qǐnshì li,
北京的一所知名大学。在大学的寝室里，
tā dì-yī cì jiēchù dào qítā shěng-shì de tóngxué. Gāng
他第一次接触到其他省市的同学。刚
kāishǐ de shíhou, Ā huá hěn kāixīn, yě hěn xīngfèn, juéde
开始的时候，阿华很开心，也很兴奋，觉得

jiēchù de rén duō le, néng zēngzhǎng jiànshí, dànshì, tā
接触的人多了，能增长见识，但是，他
hěn kuài jiù gǎndào le yìxiē bú shìyìng. Ā huá qǐnshì li yǒu
很快就感到了一些不适应。阿华寝室里有
yí wèi Shěnyáng lái de tóngxué, shuōhuà shēngyīn hěn dà,
一位沈阳来的同学，说话声音很大，
hǎoxiàng biéren de ěrduo dōu bù hǎoshǐ, tīng bu dào tā
好像别人的耳朵都不好使，听不到他
shuōhuà yíyàng; shuōhuà yě hěn kuài, hǎoxiàng dānxīn biéren
说话一样；说话也很快，好像担心别人
chāzuǐ qiǎng tā de huà yíyàng. Érqiě zhè wèi tóngxué de
插嘴抢他的话一样。而且这位同学的
shēncái yě hěn gāodà, bǐ zìjǐ gāo chū hěn duō, shēn shang
身材也很高大，比自己高出很多，身上
dōu shì jīròu, hěn lìhai. Ā huá juéde zhè wèi tóngxué
都是肌肉，很厉害。阿华觉得这位同学
shuōhuà shēngyīn yǒuxiē dà, xiǎng quàn tā kòngzhì yíxià,
说话声音有些大，想劝他控制一下，
dànshì kànkan tā de shēncái, jiù fàngqì le.
但是看看他的身材，就放弃了。

Jiēchù duō le, Ā huá fāxiàn, zhè wèi Dōngběi tóngxué
接触多了，阿华发现，这位东北同学
suīrán wàibiǎo qiángzhuàng, shēngyīn hěn dà, qíshí hái shì
虽然外表强壮、声音很大，其实还是
hěn shànliáng de, yě róngyì jiēshòu biéren de yìjiàn. Hòulái
很善良的，也容易接受别人的意见。后来
Ā huá zhīdào, tā de xìnggé, shì Dōngběirén de dàibiǎo.
阿华知道，他的性格，是东北人的代表。

沈阳

Hēilóngjiāng， Jílín， Liáoníng zhè sān gè shěng， dìchù
黑龙江、吉林、辽宁这三个省，地处

Zhōngguó dōngběi， bèi chēngwéi “Dōngběi Sān Shěng”，
中国东北，被称为“东北三省”，

shēngzhǎng zài zhèli de rénmen bèi chēngwéi “Dōngběirén”.
生长在这里的人们被称为“东北人”。

Dōngběirén tèbié néng hē jiǔ， yě xīwàng biéren duō hē，
东北人特别能喝酒，也希望别人多喝，

fǒuzé， jiù huì juéde duìfāng “bú gòu yìsi”. Dōngběirén hái
否则，就会觉得对方“不够意思”。东北人还

tèbié dàqì. Shènzhì hěn duō Dōngběi de nǚrén， yě yǒuzhe
特别大气。甚至很多东北的女人，也有着

nánrén yíyàng de xìnggé.
男人一样的性格。

Ā huá gāng dào Běijīng， jiù gǎnshòu dào le yì zhǒng
阿华刚到北京，就感受到了一种

bāoróng de wénhuà fēnwéi, zhè yì diǎn, tǐxiàn zài Běijīng cún
包容的文化氛围，这一点，体现在北京存
yǒu Zhōngguó gǔdài de chéngqiáng hé hútòng de tóngshí, yě
有中国古代的城墙和胡同的同时，也
yǒuzhe xiàndài shíshàng de dàshà; yǒu lìshǐ yōujiǔ de jīngjù
有着现代时尚的大厦；有历史悠久的京剧
yǎnchū, yě yǒu xiānfēng shíyàn huàjù; jì yǒu wàiguórén xǐ'ài
演出，也有先锋实验话剧；既有外国人喜爱
de zhǔtí jiǔ bā, yě yǒu mínjiān de xiǎo cháguǎn ……
的主题酒吧，也有民间的小茶馆……

Gèng ràng Ā huá xǐhuan de shì Běijīngrén de zhìhuì hé
更让阿华喜欢的是北京人的智慧和
yōumò, tāmen yòng yōumò de yǔyán lái biǎodá zìjǐ de
幽默，他们用幽默的语言来表达自己的
guāndiǎn hé xiǎngfǎ, yǒushíhou yě néng jiějué yìxiē wèntí.
观点和想法，有时候也能解决一些问题。

北京四合院

Qǐnshì li de rén yídàn yǒule
寝室里的人一旦有了
máodùn, huì zhǔdòng zhàn chūlai
矛盾，会主动站出来
tiáojiě bìngqiě néng shōudào hěn
调解并且能收到很
hǎo xiàoguǒ de, yídìng shì Běijīng
好效果的，一定是北京
de tóngxué. Běijīngrén zài rénjì
的同学。北京人在人际
jiāowǎng fāngmiàn yǒu zìjǐ de
交往方面有自己的

zhìhuì. Hěn duō wàidìrén dōu xǐhuan tīng Běijīngrén shuōhuà,
智慧。很多外地人都喜欢听北京人说话，
juéde tāmen de yǔqì yǒu yì zhǒng qīngkuài de xǐyuè, ràng
觉得他们的语气有一种轻快的喜悦，让
rén hěn shūfu.
人很舒服。

Ā huá qǐnshì lǐ yǒu wèi Tiānjīn de tóngxué yě hěn xǐhuan
阿华寝室里有位天津的同学也很喜欢
shuōhuà. Tiānjīnrén de shuō, yǔ Běijīngrén yòu bú tài yíyàng.
说话。天津人的说，与北京人又不太一样。
Zhōngguó yǒu yì zhǒng gǔlǎo de yìshù biǎoyǎn xíngshì, jiàozuò
中国有一种古老的艺术表演形式，叫做
"xiàngsheng", xiàngsheng zài Tiānjīn jùyǒu jí shēn de qúnzhòng
"相声"，相声在天津具有极深的群众

天津

jīchǔ . Tiānjīn de guānzhòng xǐhuan de xiàngshēng, Zhōngguó
基础。天津的 观众 喜欢的 相 声，中国
gèdì de rénmen dōu huì xǐhuan. Zhè jiù shuōmíngle Tiānjīnrén
各地的 人们 都 会 喜欢。这 就 说明了 天津人
búdàn shífēn xǐhuan shuō, érqiě nénggòu shuōchū zhēnzhèng
不但 十分 喜欢 说，而且 能够 说出 真正
de yōumò, shì yǒu dà zhìhuì de.
的 幽默，是 有 大 智慧 的。

Qǐnshì li de lìngwài yí wèi tóngxué shì Shāndōngrén.
寝室 里 的 另外 一 位 同学 是 山东人。
Shāndōngrén shuōhuà gěi rén de gǎnjué shì "yìng".
山东人 说话 给 人 的 感觉 是"硬"。
Shāndōngrén pǔbiàn zhǎng de gāodà, yīncǐ bèi chēngwéi
山东人 普遍 长 得 高大，因此 被 称为
"Shāndōng Dàhàn". Zhōngguó de gǔdiǎn míngzhù
"山东 大汉"。中国 的 古典 名著
《Shuǐhǔ Zhuàn》li, dàbùfen rénwù dōu shì Shāndōngrén,
《水浒传》里，大部分 人物 都 是 山东人，

泰山

"Shāndōng Dàhàn" yě jīngcháng bèi rén chēngwéi "Hǎohàn".
"山东 大汉"也 经常 被 人 称为 "好汉"。

Tāmen hěn shízài, yě hěn yuànyì bāngzhù biéren, fēicháng
他们 很 实在，也 很 愿意 帮助 别人，非常

shìhé zuò péngyou.
适合 做 朋友。

Hòulái yǔ qítā de tóngxué jiēchù duō le, Ā huá zhújiàn
后来 与 其他 的 同学 接触 多 了，阿 华 逐渐

liǎojiě dào, Zhōngguó bùtóng dìfang rén de xìnggé, yǔ zhège
了解 到，中国 不同 地方 人 的 性格，与 这个

dìfāng de lìshǐ hé wénhuà guānxì mìqiè, shènzhì hái shòudào
地方 的 历史 和 文化 关系 密切，甚至 还 受到

dìlǐ wèizhì hé zìrán huánjìng de yǐngxiǎng, zhè jiù shì "yì
地理 位置 和 自然 环境 的 影响，这 就 是 "一

fāng shuǐtǔ yǎng yì fāng rén".
方 水土 养 一 方 人"。

Qiānxǐ Yú Chéngshì Zhījiān
迁徙于城市之间

Lǎo Zhāng zài Hā'ěrbīn de yì suǒ gāozhōng dāng lǎoshī,
老张在哈尔滨的一所高中当老师，
měi nián dōu yǒu hánjià hé shǔjià liǎng gè jiàqī. Zhè liǎng gè
每年都有寒假和暑假两个假期。这两个
jiàqī, shì tā hé zhèngzài shàng xiǎoxué de érzi zuì kāixīn
假期，是他和正在上小学的儿子最开心
de rìzi. Bùjǐn shì yīnwèi bú yòng shàngbān hé shàngxué,
的日子。不仅是因为不用上班和上学，
zuì zhòngyào de yuányīn, shì jiàqī de shíhou tāmen nénggòu
最重要的原因，是假期的时候他们能够

东北雪乡

jiàndào hěn duō wàidì de péngyou, bìngqiě zìjǐ yě néng
见到很多外地的朋友，并且自己也能
chūqu zǒu yi zǒu.
出去走一走。

Hā'ěrbīn wèiyú Zhōngguó běifāng, xiàjì qìhòu
哈尔滨位于中国北方，夏季气候
liángshuǎng, bú xiàng nánfāng chéngshì nàyàng mēnrè, suǒyǐ
凉爽，不像南方城市那样闷热，所以
hěnduō nánfāngrén xuǎnzé dào Hā'ěrbīn bìshǔ. Lǎo Zhāng yǒu
很多南方人选择到哈尔滨避暑。老张有
yìxiē dàxué tóngxué zài nánfāng chéngshì de xuéxiào li
一些大学同学在南方城市的学校里
gōngzuò, tāmen hěn bú xǐhuan nánfāng de xiàtiān, suǒyǐ měi
工作，他们很不喜欢南方的夏天，所以每
dào shǔjià, dōu huì zuò fēijī lái Hā'ěrbīn bìshǔ.
到暑假，都会坐飞机来哈尔滨避暑。
Zhè shíhou, Lǎo Zhāng jiù yào bāngzhù zhèxiē tóngxué liánxì
这时候，老张就要帮助这些同学联系
zhùchù, tóngshí péi tāmen zài chéngshì li sìchù zǒu yi zǒu,
住处，同时陪他们在城市里四处走一走，
guàng yi guàng zhídé yóuwán de jǐngdiǎn. Zhèxiē kèrén
逛一逛值得游玩的景点。这些客人
wǎngwǎng yào zài Hā'ěrbīn zhù shàng yí gè yuè de shíjiān,
往往要在哈尔滨住上一个月的时间，
děng nánfāng bù nàme rè le zài huíqu.
等南方不那么热了再回去。

Ér Hā'ěrbīn de dōngtiān zé yòu lěng yòu cháng, měi nián
而哈尔滨的冬天则又冷又长，每年

dōu yào chíxù sì-wǔ gè yuè zhī jiǔ . Érqiě dōngtiān báitiān hěn
都要持续四五个月之久。而且冬天白天很

duǎn, hēiyè hěn cháng, hěn duō rén zài dōngtiān dōu bú yuànyì
短，黑夜很长，很多人在冬天都不愿意

chūmén. Hā'ěrbīn de dōngtiān, báitiān shìwài de zuì dī wēndù
出门。哈尔滨的冬天，白天室外的最低温度

dádào língxià èrshí jǐ shèshìdù; dàole yèjiān, shènzhì néng
达到零下二十几摄氏度；到了夜间，甚至能

dádào língxià sān-sìshí shèshìdù. Měi dào dōngtiān, Lǎo Zhāng
达到零下三四十摄氏度。每到冬天，老张

jiù huì dàizhe érzi zuò fēijī qù Hǎinán de Sānyà, zài
就会带着儿子坐飞机去海南的三亚，在

nàli zhùshàng yí gè yuè, chōngfèn xiǎngshòu nánfāng dōngjì
那里住上一个月，充分享受南方冬季

shūshì de qìhòu. Zài Hā'ěrbīn zuì lěng de shíhou, Sānyà de
舒适的气候。在哈尔滨最冷的时候，三亚的

píngjūn qìwēn dōu huì zài líng shàng èrshí shèshìdù yǐshàng,
平均气温都会在零上二十摄氏度以上，
zhè duì Lǎo Zhāng láishuō, jiǎnzhí shì yì zhǒng xiǎngshòu.
这对老张来说，简直是一种享受。

Dàole Sānyà, Lǎo Zhāng jūzhù zài dāngdì de tóngxué zé
到了三亚，老张居住在当地的同学则
chéngle zhǔrén, fùzé jiēdài Lǎo Zhāng fùzǐ, bāngzhù tāmen
成了主人，负责接待老张父子，帮助他们
xúnzhǎo zhùchù, yě huì péi tāmen sìchù zǒuzou kànkan,
寻找住处，也会陪他们四处走走看看，
pǐncháng dāngdì měishí. Yǒude shíhou, Lǎo Zhāng de àiren
品尝当地美食。有的时候，老张的爱人
yě yìqǐ guòqu, yì jiā sān kǒu zài Sānyà dùguò Zhōngguó de
也一起过去，一家三口在三亚度过中国的
chuántǒng jiérì — Chūn Jié, gǎnshòu yǔ běifāng bùtóng de
传统节日——春节，感受与北方不同的

海南

海南椰林

jiérì qìfēn . Xiàng zhèyàng zài bùtóng de jìjié qiānxǐ

节日气氛。像这样在不同的季节迁徙(to

yú chéngshì zhījiān de rén , rújīn yǒu hěn duō .

migrate)于城市之间的人，如今有很多。

yǒude shíhou , tāmen hái huì tōngguò hùliánwǎng , liánxì dào

有的时候，他们还会通过互联网，联系到

gèng duō xǐhuan guò qiānxǐ shēnghuó de rénmen , gòngtóng

更多喜欢过迁徙生活的人们，共同

xuǎnzé yìxiē qìhòu shìyí , fēngjǐng yōuměi de chéngshì qù

选择一些气候适宜、风景优美的城市去

bìshǔ huò bì hán . Zhèyàng , tāmen měi gè jiàqī dōu néng

避暑或避寒。这样，他们每个假期都能

tǐhuì dào bùtóng chéngshì de mèilì , duōle xǔ duō de

体会到不同城市的魅力，多了许多的

lèqù . Zhè yì qún xǐhuan qiānxǐ de rén , měi dào yí gè

乐趣。这一群喜欢迁徙的人，每到一个

dìfang, dōu yóu dāngdìrén fùzé bāngmáng xúnzhǎo zū zhù de
地方，都由当地人负责帮忙寻找租住的

fángwū, zhèyàng kěyǐ jiàngdī yìdì shēnghuó de chéngběn.
房屋，这样可以降低异地生活的成本。

Yīnwèi zhù zài zū lái de mínjū li, yào bǐ zhù zài bīnguǎn
因为住在租来的民居里，要比住在宾馆

li piányi hěn duō, érqiě kěyǐ zìjǐ zuò fàn zuò cài, bǐ
里便宜很多，而且可以自己做饭做菜，比

měi yì cān dōu qù fànguǎn chī jiéshěng hěn duō qián.
每一餐都去饭馆吃节省很多钱。当地人

hái fùzé bāngmáng liánxì chūxíng de chēliàng, yǐjí fùzé
还负责帮忙联系出行的车辆，以及负责

shèjì yóuwán de xiànlù. Zhè huì shǐ wàidì de kèrén gǎnjué
设计游玩的线路。这会使外地的客人感觉

dào hěn shūfu, bìmiǎn zài yí gè mòshēng de chéngshì zǒucuò
到很舒服，避免在一个陌生的城市走错

fāngxiàng, làngfèi shíjiān. Zhèyàng de qiānxǐ fāngshì, mùqián
方向，浪费时间。这样的迁徙方式，目前

zài Zhōngguó bǐjiào liúxíng, bèi chēngwéi "hùzhùyóu". Yóu
在中国比较流行，被称为“互助游”。由

láizì bùtóng dìfang de rén, zǔchéng yí gè tuánduì, quèdìng
来自不同地方的人，组成一个团队，确定

hǎo le mùdìdì zhīhòu, duì zhōng de dāngdìrén jiù yào dāng
好了目的地之后，队中的当地人就要当

"zhǔrén" de juésè, zuòhǎo "zhǔrén" de gōngzuò. Měi gè
“主人”的角色，做好“主人”的工作。每个

rén dōu yǒu zuò "zhǔrén" de jīhuì, bìngqiě hái huì yǒu gèng
人都有做“主人”的机会，并且还会有更

duō de "zhǔrén" jiārù dào zhège tuánduì zhōng lái. Zài
多的"主人"加入到这个团队中来。在

zhège guòchéng zhōng, rénmen búdàn nénggòu zhǎodào gèng duō
这个过程中，人们不但能够找到更多

gèng hǎo de bìshǔ hé bì hán chéngshì, ràng zìjǐ shēnghuó
更好的避暑和避寒城市，让自己生活

hé jūzhù de gèng shūshì, hái néng chōngfèn xiǎngshòu dào
和居住得更舒适，还能充分享受到

lǚxíng dàilái de kuàilè, rènshi hěn duō péngyou, gòngtóng
旅行带来的快乐，认识很多朋友，共同

jīnglì hěn duō yǒu yìsi de shìqing. Zài Zhōngguó, rénmen
经历很多有意思的事情。在中国，人们

jīngcháng xuǎnzé de bìshǔ chéngshì yǒu: Guìyáng, Kūnmíng,
经常选择的避暑城市有：贵阳、昆明、

Hā'ěrbīn, Lìjiāng, Xīníng, Liùpánshuǐ, Chéngdé, Yāntái hé
哈尔滨、丽江、西宁、六盘水、承德、烟台和

Wēihǎi děng; jīngcháng xuǎnzé de bì hán chéngshì yǒu: Jǐnghóng,
威海等；经常选择的避寒城市有：景洪、

Sānyà, Shēnzhèn, Xiānggǎng, Hǎikǒu, Quánzhōu, Ruìlì,
三亚、深圳、香港、海口、泉州、瑞丽、

Guǎngzhōu, Běihǎi děng.
广州、北海等。

Zhōngguó Chéngshì De Xīshì Shēnghuó

中国城市的西式生活

Lìsà shì yí gè gāng lái Zhōngguó liúxué de Měiguó
丽萨是一个刚来中国留学的美国

nǚháir, tā dàizhe duì Zhōngguó wénhuà de rè'ài láidào
女孩儿，她带着对中国文化的热爱来到

Běijīng. Gānglái shí, tā chúle shàngkè jiù shì cānguān gǔjì,
北京。刚来时，她除了上课就是参观古迹，

pá Chángchéng, chī xiǎochī, tīng jīngjù, qù cháguǎn, wán
爬长城、吃小吃、听京剧、去茶馆，玩

北京三里屯酒吧街

de hěn kāixīn, shénme dōngxi zài tā yǎnli dōu shì yǒuqù de,
得很开心，什么东西在她眼里都是有趣的，
Zhǐshì gāng guòle liǎng gè yuè, tā jiù yǒu xiē xiǎngniàn
只是刚过了两个月，她就有些想念
Zhījiāgē le.
芝加哥了。

Lìsà de sīxiāngbìng ràng Màikè kànchūlái le, Màikè zài
丽萨的思乡病让麦克看出来了，麦克在
Běijīng yǐjīng yǒu liǎng nián le, tā hěn míngbai Lìsà shì
北京已经有两年了，他很明白丽萨是
xiǎngjiā le. Màikè zài yí gè zhōumò, dài Lìsà qùle Běijīng
想家了。麦克在一个周末，带丽萨去了北京
de Sānlǐtún.
的三里屯。

Cóng xuéxiào chūlai de Lìsà qíngxù bù shì hěn gāo,
从学校出来的丽萨情绪不是很高，
dànshì yí dàole Sānlǐtún, tā lìkè xīngfèn qǐlái: Shíshàng
但是一到了三里屯，她立刻兴奋起来：时尚
de jiànzhù, chōuxiàng de jiētóu diāosù, hěn duō de xīshì
的建筑，抽象的街头雕塑，很多的西式
cānguǎn, xīhāfēng de jiētóu biǎoyǎn, zhèxiē dōu
餐馆，嘻哈风(hip-hop)的街头表演，这些都
ràng tā gǎnjué hǎoxiàng huídào le zhījiāgē de mìxiēgēn dàjiē
让她感觉好像回到了芝加哥的密歇根大街
shàng. Màikè dàizhe Lìsà zhǎole yì jiā xīcāntīng zuòxià,
上。麦克带着丽萨找了一家西餐厅坐下，
tīngzhe liúxíng yīnyuè, hǎohāo de chīle yí dùn zhèngzōng de
听着流行音乐，好好地吃了一顿正宗的

北京三里屯

Měishì hànbǎo. Lìsà de sīxiāngzhèng dédàole huǎnjiě. Màikè
美式汉堡。丽萨的思乡症得到了缓解。麦克

gàosu tā, zhè jiā diàn de chúshī jiù shì cóng Zhījiāgē
告诉她，这家店的厨师就是从芝加哥

Niǔwéi'ěrsī Jiē de cānguǎn guòlai de, zuò cài hěn zhèngzōng.
纽维尔斯街的餐馆过来的，做菜很正宗。

Lìsà yìbiān chīzhe fànhòu tiándiǎn yìbiān wènqǐ Sānlǐtún de
丽萨一边吃着饭后甜点一边问起三里屯的

yóulái.
由来。

Màikè xiàozhe gàosu tā, Zhōngguó bú xiàng nǐ qián liǎng
麦克笑着告诉她，中国不像你前两

gè yuè kàndào de nàme gǔdiǎn hé chuántǒng, tā yě hěn
个月看到的那么古典和传统，她也很

shíshàng, shènzhì hái yǐnlǐngzhe shìjiè shíshàng cháoliú de fāzhǎn.
时尚，甚至还引领着世界时尚潮流的发展。

Sānlǐtún zài shìjì liù-qīshí niándài bèi jiànshè chéngwéi
三里屯在20世纪六七十年代被建设成为

shǐguǎnqū, hòulái zhèli zhújiàn fāzhǎn chéngwéi zhù Huá wàijiāo
使馆区，后来这里逐渐发展成为驻华外交

rényuán jūzhù, gòuwù de zhòngyào shèqū. Sānlǐtún de
人员居住、购物的重要社区。三里屯的

běibian jiù shì shǐguǎnqū, yīnwèi zhè tiáo jiēshang yǒu hěn duō
北边就是使馆区，因为这条街上有很多

jiǔbā, suǒyǐ hěn duō rén jiào tā "Sānlǐtún".
酒吧，所以很多人叫它“三里屯酒吧街”。

de yíngyè shíjiān cóng měi tiān xiàwǔ dào dì-èr tiān
酒吧街的营业时间从每天下午到第二天

língchén. Měi tiān dōu yǒu xǔduō wàiguórén dào zhèli lái,
凌晨。每天都有许多外国人到这里来，

tèbié shì zài wǎnshang. Bùjǐn wàiguórén yuànyì dào zhèli
特别是在晚上。不仅外国人愿意到这里

lái, xǔduō Zhōngguórén yě bǎ péngyou qǐngdào zhèli lái,
来，许多中国人也把朋友请到这里来，

bǎ zhèli zuòwéi jiāojì de chǎngsuǒ. Kěyǐ shuō, Sānlǐtún
把这里作为交际的场所。可以说，三里屯

dàibiǎole Zhōngguó wénhuà bāoróng de yímiàn, Xīfāng wénhuà
代表了中国文化包容的一面，西方文化

rónghé zài le zhèli.
融合在了这里。

Yì shuōdào jiǔbā, Lìsà jiù yòu xīngfèn le, sān kǒu liǎng
一说到酒吧，丽萨就又兴奋了，三口两

kǒu chīwán tiándiǎn jiù cuīzhe Màikè dài tā qù. Màikè dài tā
口吃完甜点就催着麦克带她去。麦克带她

láidào le yì jiā jiàozuò "Dòuhào" de jiǔbā . Tā hé Lìsà
来到了一家叫作"逗号"的酒吧。他和丽萨

zài lǐmian gēn jǐ gè lái Zhōngguó lǚyóu de Àodàlìyàrén
在里面跟几个来中国旅游的澳大利亚人

liáole qǐlai . Tāmen gàosu Lìsà : Zhōngguó tài hǎo wán le !
聊了起来。他们告诉丽萨：中国太好玩了！

Tāmen gāng cóng Shànghǎi guòlai , Shànghǎi wàitān de jiànzhù
他们刚从上海过来，上海外滩的建筑

dōu dàizhe nóngnóng de jiù shídài fēngqíng , chōngmǎnle yìguó
都带着浓浓的旧时代风情，充满了异国

qíngdiào ; Shànghǎi yě shì gòuwù zhōngxīn , búdàn yǒu fēicháng
情调；上海也是购物中心，不但有非常

北京的酒吧

duō de dǐngjí gòuwù zhōngxīn, háiyǒu hěn duō zhùmíng
多的顶级购物中心，还有很多著名

shèjìshī zài Shànghǎi kāi diàn, zhuānmén xiāoshòu dìngzhì de
设计师在上海开店，专门销售定制的

fúshì, fēicháng shíshàng. Lìsà tīng de xīnli zhí yǎngyang,
服饰，非常时尚。丽萨听得心里直痒痒，

hèn bu de zìjǐ yě fēi qù Shànghǎi guàng yi guàng.
恨不得自己也飞去上海逛一逛。

Pángbiān de yí wèi Fǎguó xiǎohuǒzi kàn tāmen shuō de
旁边的一位法国小伙子看他们说得

rènao, yě jiārùle jìnlai. Tā shuō zìjǐ gāng cóng
热闹，也加入了进来。他说自己刚从

Yúnnán guòlai dùjià, tā zài Kūnmíng de yì jiā xīcān jiàoshì
云南过来度假，他在昆明的一家西餐教室

jiāo Zhōngguórén zuò xīcān. Wúlùn shì Xībānyá hǎixiānfàn
教中国人做西餐。无论是西班牙海鲜饭

háishi Fǎshì dùn cài, Zhōngguórén de xuéxí rèqíng dōu hěn
还是法式炖菜，中国人的学习热情都很

gāo, érqiě zuò de fēicháng hǎo. Tā zìjǐ hái néng zài
高，而且做得非常好。他自己还能在

xiūxi shíjiān qù Lìjiāng hé Ddàlǐ wánr, guò de shífēn
休息时间去丽江和大理玩儿，过得十分

shūfu.
舒服。

Lìsà tīngzhe dàjiā jiāoliú zài Zhōngguó de gèzhǒng jīnglì
丽萨听着大家交流在中国的各种经历

hé tǐyàn, kànzhe jiǔbā li shuōzhe bùtóng yǔyán de
和体验，看着酒吧里说着不同语言的

wàiguórén zài tiàowǔ hējiǔ, gǎnjué zhèli hé Niǔyuē yíyàng
外国人在跳舞喝酒，感觉这里和纽约一样

guójì huà, chādiǎnr wàngle zìjǐ shì zài Zhōngguó.
国际化，差点儿忘了自己是在中国。

Cóng jiǔbā chūlai, Màikè wèn tā, míngtiān yǒu yí gè
从酒吧出来，麦克问她，明天有一个

Zhōngguó jiànzhù jiǎngzuò yǒu méiyǒu xìngqù, Lìsà gāoxìng de
中国建筑讲座有没有兴趣，丽萨高兴地

dāyìng le. Sānlǐtún zhì hǎo le tā de xiāngsībìng yě ràng tā
答应了。三里屯治好了她的相思病，也让她

gèng xǐhuan zhōngguó le.
更喜欢中国了。

Xiǎo Chéngshì De Miàochù

小城市的妙处

Lǐ Xiǎomíng sān gè yuè qián zhōngyú xià juéxīn, líkāi
李小明 三个月 前 终于 下决心，离开

běijīng, huídào le tā de jiāxiāng — yí zuò nánfāng xiǎo
北京，回到 了 他 的 家乡——一座 南方 小

chéng. Cùshǐ tā zuò zhège juédìng de zuì zhǔyào yuányīn shì
城。促使 他做这个决定 的 最 主要 原因 是

fángzi wèntí. Lǐ Xiǎomíng kuài sānshí le hái méi jiéhūn,
房子 问题。李小明 快 三十了 还 没 结婚，

Běijīng de gāo fángjià ràng tā yīzhí mǎibùqǐ fáng, méiyǒu fángzi jiù
北京的高房价 让他一直买不起房，没有房子就

周庄

méiyǒu gūniang yuànyi jià gěi tā . Fùmǔ jiànjiàn lǎo qù , Lǐ
没有姑娘愿意嫁给他。父母渐渐老去，李

Xiǎomíng yīnwèi mǎibùqǐ fángzi ér bùnéng bǎ tāmen jiēdào Běijīng
小明因为买不起房子而不能把他们接到北京

lái zhàogu . Zuìhòu tā háishi xuǎnzé huí lǎojiā fāzhǎn .
来照顾。最后他还是选择回老家发展。

Zhè cì wǒ cóng Běijīng chūchāi lái kàn tā , fāxiàn tā de
这次我从北京出差来看他，发现他的

zhuàngtài hǎole xǔduō , rén yě pàngle xiē , shuōhuà de shíhou
状态好了许多，人也胖了些，说话的时候

bú zìjué de dàizhe wēixiào , búzài xiàng cóngqián nàyàng zǒng
不自觉地带着微笑，不再像从前那样总

shì bù kāixīn de yàngzi . Lǐ Xiǎomíng gēn wǒ jiǎng le hěnduō
是不开心的样子。李小明跟我讲了很多

tā xiànzài de shēnghuó . Tā shuō , jǐnguǎn xiǎo chéng gēn Běijīng
他现在的生活。他说，尽管小城跟北京

yǒu hěn dà de chājù , dànshì gèng shìhé shēnghuó . Tā gēn
有很大的差距，但是更适合生活。他跟

fùmǔ zhù zài yìqǐ , měi tiān fùmǔ zuò hǎo fàn quánjiārén
父母住在一起，每天父母做好饭全家人

yīqǐ chī búzài xiàng zài Běijīngnàyàng yígèrén suíbiàn còuhé .
一起吃，不再像在北京那样，一个人随便凑合。

Tā xiànzài gōngzuò de gōngsī lí jiā yě jiù shí fēnzhōng de
他现在工作的公司离家也就十分钟的

lùchéng , tā yě búyòng xiàng zài běijīng nàyàng , měi tiān zuò
路程，他也不用像在北京那样，每天坐

liǎng gè xiǎoshí de dìtiě hé gōngjiāo qù shàngbān . Lǐ
两个小时的地铁和公交去上班。李

Xiǎomíng de shēnghuó fàngsōngle xiàlai . Xīn gōngsī yīnwèi tā yǒu
小明的生活放松了下来。新公司因为他有

Běijīng dà gōngsī de gōngzuò jīngyàn ér shífēn kànzhòng tā ,
北京大公司的工作经验而十分看重他，

suīrán gōngzī bǐ zài Běijīng dī le bù shǎo , dànshì zhè lǐ de
虽然工资比在北京低了不少，但是这里的

shēnghuó chéngběn yě bǐ Běijīng dī le hěnduō . Shēnghuó shūshìdù
生活成本也比北京低了很多。生活舒适度

tígāo le , wèilái de shēngzhí kōngjiān yě hěndà , Lǐ Xiǎomíng
提高了，未来的升职空间也很大，李小明

juéde zìjǐ huídào xiǎo chéngshì háishi duì de .
觉得自己回到小城市还是对的。

Zuì ràng Lǐ Xiǎomíng shūfu de shì , zhè zuò xiǎo chéng
最让李小明舒服的是，这座小城

jīběnshàng shǔyú " shúrén shèhuì ". Lǐ Xiǎomíng de fùmǔ
基本上属于“熟人社会”。李小明的父母

shēnghuó zài zhèli yǐjīng jǐshí nián, zài gè lǐngyù dōu yǒu
生活在这里已经几十年，在各领域都有
hěnduō de shúrén, péngyou hé guānxi. Lǐ Xiǎomíng zài
很多的熟人、朋友和关系。李小明在
shēnghuó hé gōngzuò zhōng yùdào kùnnan, dōu néng zhǎodào
生活和工作中遇到困难，都能找到
xiāngguān de rén lái bāngmáng. dāng tā qǐng biéren bāngmáng
相关的人来帮忙。当他请别人帮忙
de shíhou, rénjia dōu huì tèbié rèqíng de jiēdài tā, bǎ tā
的时候，人家都会特别热情地接待他，把他
de shìqing dàngzuò zìjǐ de shìqing lái bàn. Bù zhǐshì yīnwèi
的事情当作自己的事情来办。不只是因为
zhème duō nián de péngyou guānxi, háiyǒu yí gè yuányīn, jiù
这么多年的朋友关系，还有一个原因，就
shì yěxǔ yǒu yì tiān tāmen yě huì yīnwèi shénme shìqing
是也许有一天他们也会因为什么事情

苏州

qiúdào tā . Zài Běijīng yào yí gè xīngqī cái néng bànhǎo de
求到他。在北京要一个星期才能办好的
shìqing, zài zhèli kěnéng dǎ jǐ gè diànhuà jiù jiějuéle .
事情，在这里可能打几个电话就解决了。

Lǐ Xiǎomíng gàosu wǒ, tā yǐjīng kànhǎole yí tào xīn
李小明告诉我，他已经看好了一套新
kāifā xiǎoqū de gōngyù, zhǔnbèi mǎi fángzi le . Zhè tào fángzi
开发小区的公寓，准备买房子了。这套房子
de jiàgé yě jiù xiāngdāng yú Běijīng tóngděng miànjī fángzi de
的价格也就相当于北京同等面积房子的
yì xiǎo bùfen, érqiě wèizhì yě fēicháng hǎo, lí fùmǔ jiā
一小部分，而且位置也非常好，离父母家
hé gōngsī dōu hěn jìn, tā hái dǎsuàn mǎi gè chēkù, wèi
和公司都很近，他还打算买个车库，为
yǐhòu mǎi chē zuòhǎo zhǔnbèi .
以后买车做好准备。

Wǎnshang, Lǐ Xiǎomíng qǐng wǒ zài yì jiā wèidào jí hǎo
晚上，李小明请我在一家味道极好
de fànguǎn chī fàn, jiàqián fēicháng piányi . tā gàosu, wǒ
的饭馆吃饭，价钱非常便宜。他告诉，我
zhè jiā fànguǎn yǐjīng yǒu jǐshí nián de lìshǐ le, kǒuwèi
这家饭馆已经有几十年的历史了，口味
yìzhí méi biàn . Zhè ràng wǒ qīnshēn gǎnshòu dào le xiǎo
一直没变。这让我亲身感受到了小
chéngshì shēnghuó de lìng yīzhǒng měihǎo .
城市生活的另一种美好。

Dànshì zuì ràng wǒ gāoxìng de shì, wǎnfàn hòu, wǒ zài
但是最让我高兴的是，晚饭后，我在

gēn Lǐ Xiǎomíng sànbù de shíhou kànjiànle hěn duō nián dōu
跟李小明散步的时候看见了很多年都
méiyǒu jiànguo de xīngkōng, wǒ jīhū yǐjīng wàngjìle xīngkōng
没有见过的星空，我几乎已经忘记了星空
shì shénme yàngzi le. Lǐ Xiǎomíng kànzhe wǒ xīngfèn de yàngzi
是什么样子了。李小明看着我兴奋的样子
gēn wǒ shuō, tā qián jǐ gè yuè huílai de shíhou yě shì
跟我说，他前几个月回来的时候也是
zhèyàng. Zài dà chéngshì de dēngguāng hé kōngqì wūrǎn xià,
这样。在大城市的灯光和空气污染下，
shì gēnběn bù kěnéng kàndào zhème měihǎo de xīngkōng de.
是根本不可能看到这么美好的星空的。

Huídào zhùchù, gāng guò bā diǎn, xiǎo chéngshì de yèwǎn jiù
回到住处，刚过八点，小城市的夜晚就
kāishǐ ānjìng xiàlai, chúle
开始安静下来，除了
lùdēng yǐwài yǐjīng méiyǒu
路灯以外已经没有
duōshǎo dìfang liàng zhe dēng
多少地方亮着灯
le. Xíguàn le Běijīng de
了。习惯了北京的
xuānnào dūshì yèwǎn de wǒ, duì
喧闹都市夜晚的我，对
zhèli de ānjìng yǒuxiē bù
这里的安静有些不
shìyìng, dàn ānjìng de chéngshì
适应，但安静的城市

小城夜色

ràng wǒ zǎozǎo de jìnrù le mèngxiāng ràng wǒ shuìle yígè hǎojué .
让我早早地进入了梦乡，让我睡了一个好觉。

Zǎoshang , wǒ hěn zǎo jiù xǐng le . chuāngwài gōngyuán
早上，我很早就醒了。看着窗外公园

li duànliàn de lǎorén , tīngzhe niǎojiàoshēng , wǒ juéde zìjǐ
里锻炼的老人，听着鸟叫声，我觉得自己

yě àishàng le xiǎo chéngshì de yōuxián hé shūfu …
也爱上了小城市的悠闲和舒服……

Lǐ Xiǎomíng gēn wǒ shuōle tā cóng dà chéngshì huídào xiǎo
李小明跟我说了他从大城市回到小

chéngshì bú shìyìng de dìfang : xiǎo chéngshì de shēnghuó
城市不适应的地方：小城市的生活

quēshǎo dà chéngshì néng dài gěi tā de xīnxiān shìwù , xiǎo
缺少大城市能带给他的新鲜事物，小

chéngshì de jīchǔ shèshī jiànshè yě bǐjiào luòhòu děngděng .
城市的基础设施建设也比较落后等等。

Dànshì tā háishi duì wèilái de shēnghuó chōngmǎn qīdài .
但是他还是对未来的生活充满期待。

Suízhe Zhōngguó jīngjì de chíxù fāzhǎn , xiǎo chéngshì yěhuì
随着中国经济的持续发展，小城市也会

fāzhǎn yuèlái yuèhǎo de .
发展越来越好的。

Huídào Běijīng huīfù dà chéngshì shēnghuó de wǒ , wèi dàodǐ
回到北京恢复大城市生活的我，为到底

yìnggāi liú zài dài chéngshì zhìshēn fánhuá xuānnào zhīzhōng háishi
应该留在大城市置身繁华喧闹之中还是

huídào xiǎo chéngshì yōuxián kàn xīngkōng ér fánnǎo qǐlai ……
回到小城市悠闲看星空而烦恼起来……

Zhōngguó Chéngshì De Nán-běi Chāyì

中国城市的南北差异

nián, wǎngluò shang yǒu rén fāqǐle yì chǎng
2011 年，网络上有人发起了一场

zhēnglùn: dòufunǎo jiūjìng yìnggāi shì xián de háishi tián de?
争论：豆腐脑究竟应该是咸的还是甜的？

Dòufunǎo shì Zhōngguó de yì zhǒng chuántǒng shíwù, zuòfǎ
豆腐脑是中国的一种传统食物，做法

yě hěn dútè, bǎ huángdòu zhìchéng dòujiāng, ránhòu yòng
也很独特，把黄豆制成豆浆，然后用

lǔshuǐ huòzhě shígāo jiāng dòujiāng diǎnchéng
卤水 (brine) 或者石膏 (plaster) 将豆浆点成

dòufunǎo. Dòufunǎo běnlái shì méiyǒu shénme wèidao de,
豆腐脑。豆腐脑本来是没有什么味道的，

guānjiàn zàiyú tiáowèiliào de wèidao. Běifāngrén línshàng de
关键在于调味料的味道。北方人淋上的

shì xiánwèi jiànglǔzhī, ài chī là de háiyào línshàng làjiāo;
是咸味酱卤汁，爱吃辣的还要淋上辣椒；

南北民居对比

南北豆腐脑对比

nánfāngrén zé shì zài dòufunǎo shang lín tángjiāng. Hěn duō
南方人则是在豆腐脑上淋糖浆。很多
rén dōu shì yīnwèi kàndàole wǎngluò shang de zhè gè zhēnglùn,
人都是因为看到了网络上的这个争论，
cái zhīdào dòufunǎo háiyǒu lìngwài yì zhǒng kǒuwèi. Zhè
才知道豆腐脑还有另外一种口味。这
qízhōng de qūbié, zhèngshì Zhōngguó de nán-běi chāyì.
其中的区别，正是中国的南北差异。

Zhōngguó zhōngbù dōngxī zǒuxiàng de "Qín Lǐng — Huái Hé"
中国中部东西走向的“秦岭—淮河”
yíxiàn, shì Zhōngguó nánfāng hé běifāng de fēnjièxiàn.
一线，是中国南方和北方的分界线。
Fēnjièxiàn yǐběi, xiàjì yánrè, dōngjì hánlěng, quánnián
分界线以北，夏季炎热，冬季寒冷，全年
jiàngshuǐ jiào shǎo, bǐjiào gānzào; fēnjièxiàn yǐ nán, xiàjì
降水较少，比较干燥；分界线以南，夏季

gāowēn dōngjì wēnhé quánnián jiàngshuǐ duō bǐjiào wēnrùn.
高温，冬季温和，全年降水多，比较温润。

Nán-běifāng dìlǐ huánjìng yě yǒu qūbié, běifāng duō
南北方地理环境也有区别，北方多
gāoshān, nánfāng duō héliú. Zìrán huánjìng duì rénmen
高山，南方多河流。自然环境，对人们
shēnghuó de gègè fāngmiàndōu huì chǎnshēng yǐngxiǎng, yúshì
生活的各个方面都会产生影响，于是
xíngchéng le nánfāng chéngshì yǔ běifāng chéngshì jiéránbùtóng
形成了南方城市与北方城市截然不同
de yǒuqù xiànxiàng.
的有趣现象。

Zài jiànzhù fāngmiàn: Běifāng de jiànzhù tōngcháng shì
在建筑方面：北方的建筑通常是
píngdǐng de, wàiguān yě bǐjiào zhìpǔ, shìnèi hé shìwài de
平顶的，外观也比较质朴，室内和室外的
jièxiàn hěn míngxiǎn, yǐ fēngbìxíng de jiànzhù jū duō; Nánfāng
界限很明显，以封闭型的建筑居多；南方
de jiànzhù xiāngduì xiǎoqiǎo, duō wéi chǎngkāishì de, nèibù
的建筑相对小巧，多为敞开式的，内部
hé wàibù kōngjiān bǐjiào liánguàn, céngcì duō, shìnèi hé
和外部空间比较连贯，层次多，室内和
shìwài de jièxiàn bú tài míngxiǎn. Zhè shì yīnwèi, běifāng
室外的界限不太明显。这是因为，北方
dōngjì hánlěng, jiànzhù xūyào cǎiqǔ bǎowēnxíng de shèjì;
冬季寒冷，建筑需要采取保温型的设计；
nánfāng xiàjì yánrè, jiànzhù zé yào cǎiyòng róngyì tōngfēng
南方夏季炎热，建筑则要采用容易通风

sànrè de shèjì .
散热 的 设计。

Zài yǔyán fāngmiàn, nán-běifāng de yǔyán chāyì yě hěn
在语言 方面，南北方 的 语言 差异 也 很

dà. Běifāngrén dàole nánfāng, tōngcháng tīng bu dǒng dāngdìrén
大。北方人 到了 南方， 通常 听不懂 当地人

shuōhuà, dànshì běifāngrén shuōhuà dōu bǐjiào jiējìn pǔtōnghuà,
说话，但是 北方人 说话 都 比较 接近 普通话，

suǒyǐ nánfāngrén néng tīngdǒng běifāngrén shuōhuà. Zhōngguó de
所以 南方人 能 听懂 北方人 说话。 中国 的

nánfāng qiūlíng bǐjiào duō, xíngchéngle hěn duō xiāngduì fēngbì
南方 丘陵 比较 多， 形成了 很多 相对 封闭

de qūyù, zhèxiē qūyù gèzì xíngchéngle dútè de
的 区域，这些 区域 各自 形成了 独特 的

“fāngyán”, suǒyǐ nánfānghuà zhōng yòu fēnchū hěn duō zhǒnglèi,
“方言”，所以 南方话 中 又 分出 很 多 种类，

nánfāngrén zhījiān bǐcǐ jiāoliú yǒude shíhou yě bú tài róngyì.
南方人 之间 彼此 交流 有的 时候 也 不 太 容易。

suízhe pǔtōnghuà zài quán zhōngguó jiànjiàn tuīguǎng kāilái,
随着 普通话 在 全 中国 渐渐 推广 开来，

yǔyán chāyì búzài shì yǐngxiǎng gōutōng de dà wèntí le.
语言 差异 不再 是 影响 沟通 的 大 问题 了。

Zài jīngjì fāngmiàn, běifāng duō yǐ nóngyè hé zhònggōngyè
在 经济 方面，北方 多 以 农业 和 重工业

wéi jīchǔ, nánfāng zé gèng zhòngshì qīnggōngyè, shāngyè hé
为 基础，南方 则 更 重视 轻工业、商业 和

wénhuà huódòng. Gǎigé kāifàng zhīhòu, nánfāng chéngshì,
文化 活动。改革 开放 之后，南方 城市，

yóuqí shì yìxiē yánhǎi chéngshì de jīngjì fāzhǎn xiāngduì
尤其是一些沿海城市的经济发展相对
bǐjiào kuài, suǒyǐ nánfāng pǔbiàn yào bǐ běifāng fùyù,
比较快，所以南方普遍要比北方富裕，
xiàndàihuà chéngdù yě gèng gāo yìxiē.
现代化程度也更高一些。

Qiánmiàn tídào de "xián, tián dòufunǎo" de zhēnglùn,
前面提到的“咸、甜豆腐脑”的争论，
zhèngshì yīnwèi nán-běifāng de yǐnshí xíguàn bùtóng yǐnqǐ de.
正是因为南北方的饮食习惯不同引起的。
Běifāngrén xǐhuan chī miànshí, rú miàntiáo, mántou děng, ér
北方人喜欢吃面食，如面条、馒头等，而
nánfāngrén yǐ mǐ wéi zhǔshí. Běifāngrén kǒuwèi zhòng, xǐhuan
南方人以米为主食。北方人口味重，喜欢
chī xián, jiān gè jīdàn dōu huì fàngshàng yìxiē yán huòzhě
吃咸，煎个鸡蛋都会放上一些盐或者
línshàng jiàngyóu; Nánfāngrén xǐhuan chī tián, chǎocài dōu yào jiā
淋上酱油；南方人喜欢吃甜，炒菜都要加
yìxiē táng, lián bāozi dōu shì tiántián de. Dànshì yě yǒu
一些糖，连包子都是甜甜的。但是也有
lìwài de qíngkuàng; Běifāngrén chī yóutiáo de shíhou xǐhuan
例外的情况；北方人吃油条的时候喜欢
dāpèi jiāle táng de dòujiāng, ér nánfāngrén què xǐhuan yòng
搭配加了糖的豆浆，而南方人却喜欢用
yóutiáo dāpèi jiàngyóu chī; Běifāngrén xǐhuan chī tián zòngzi,
油条搭配酱油吃；北方人喜欢吃甜粽子，
nánfāngrén zé gèng xǐhuan chī xián de. Zhè yě shì nán-běi
南方人则更喜欢吃咸的。这也是南北

chāyì zhōng bǐjiào yǒu yìsi de xiànxiàng .
差异 中 比较有意思的 现象。

Suízhe jīngjì kuàisù fāzhǎn hé jiāotōng , tōngxìn jìshù
随着 经济 快速 发展 和 交通、通信 技术
yuèlái yuè fādá , nánfāngrén hé běifāngrén de gōutōng hé jiāoliú
越来越发达，南方人和 北方人 的 沟通 和交流
rìyì zēngduō , duì bǐcǐ de liǎojiě jiāshēn le , yǒuxiē chāyì
日益 增多，对彼此的了解加深了，有些差异
biànxiǎo le , bǐrú yǐnshí . Zhìyú " xián , tián dòufunǎo "
变小了，比如饮食。至于“咸、甜 豆腐脑”
zhèyàng de zhēngyì , zé zhǐshì gè wánxiào .
这样 的 争议，则只是个 玩笑。

Xúnzhǎo Biéyàng De Fēngjǐng
寻找别样的风景

Wáng Xīn zài Shànghǎi de yì jiā zhīmíng gōngsī gōngzuò,
王欣在上海的一家知名公司工作，

měi gè yuè de gùdìng shōurù dádào yí wàn duō yuán. Dànshì tā
每个月的固定收入达到一万多元。但是他

bìng méiyǒu zài Shànghǎi mǎi fángzi, tā juéde fángjià tài gāo,
并没有在上海买房子，他觉得房价太高，

dàikuǎn mǎifáng děngyú shì měi tiān xīnkǔ gěi yínháng dǎgōng.
贷款买房等于是每天辛苦给银行打工。

Kěshì Wáng Xīn bìng méiyǒu zǎn xià duōshǎo qián, yīnwèi tā
可是王欣并没有攒下多少钱，因为他

安徽婺源

bǎ qián dōu huā zài lǚyóu shang le. Zài Wáng Xīn de
把钱都花在旅游上了。在王欣的

péngyouquān li, gēn tā yǒu lèisì xiǎngfǎ de rén hěn duō,
朋友圈里，跟他有类似想法的人很多，

dàjiā jīngcháng yìqǐ liáotiān, yìqǐ chūmén lǚyóu.
大家经常一起聊天，一起出门旅游。

Zài Zhōngguó, měi nián dōu yǒu hěn duō de jiàqī.
在中国，每年都有很多的假期。

Zhōngguó de Guóqìng Jié fǎdìng jiàrì wèi sān tiān, zhèngfǔ
中国的国庆节法定假日为三天，政府

guīdìng bǎ zhīqián huòzhě zhīhòu de zhōumò xiūxirì diàohuàn
规定把之前或者之后的周末休息日调换

dào sāntiān qiánhòu, yígòng fàngjià qī tiān, chēngwéi “Guóqìng
到三天前后，一共放假七天，称为“国庆

chángjià”. Zhōngguó de chuántǒng jiérì Qīngmíng Jié, Duānwǔ
长假”。中国的传统节日清明节、端午

Jié hé Zhōngqiū Jié, dōu fàngjià yì tiān, zhèngfǔ yě huì bǎ
节和中秋节，都放假一天，政府也会把

zhīqián huòzhě zhīhòu de zhōumò xiūxirì diàohuàn dào nàyītiān
之前或者之后的周末休息日调换到那一天

qiánhòu, fàngjià sāntiān, chēngwéi “xiǎo chángjià”. Měi dào
前后，放假三天，称为“小长假”。每到

jiàrì, Wáng Xīn hé tā de péngyoumen dōuhuì fēicháng kāixīn
假日，王欣和他的朋友们都会非常开心

hé xīngfèn.
和兴奋。

Suīrán píngshí de gōngzuò yālì bù xiǎo, yě jīngcháng
虽然平时的工作压力不小，也经常

jiābān, dànshì gōngsī duìyú jiàrì xiūxi zhìdù zhíxíng de
加班，但是公司对于假日休息制度执行得
háishi hěn hǎo de, jīběn dōu huì bǎozhèng yuángōng zài cǐ
还是很好的，基本都会保证员工在此
qījiān bù jiābān. Yúshì, Wáng Xīn hé tā de péngyoumen
期间不加班。于是，王欣和他的朋友们
jiù nénggòu chūmén lǚyóu le.
就能够出门旅游了。

Shànghǎi zhèyàng de chéngshì, jīngjì shífēn fādá,
上海这样的城市，经济十分发达，
xiàndàihuà de chéngdù yǐjīng dádào guójì dà dūshì de
现代化的程度已经达到国际大都市的
shuǐpíng, dànshì xiàndàihuà jìnchéng gāodù fādá de tóngshí,
水平，但是现代化进程高度发达的同时，
jiāotōng yōngdǔ, kōngqì
交通拥堵、空气
wūrǎn děng wèntí yě hěn
污染等问题也很
yánzhòng.
严重。

Wáng Xīn hé tā de
王欣和他的
péngyoumen shēnghuó,
朋友们生活、
gōngzuò zài shànghǎi zhèyàng
工作在上海这样
de dà dūshì, gèngjiā
的大都市，更加

自驾游

xiàngwǎng yǒushān yǒushuǐ de zìrán fēngjǐng, yúshì lǚyóu chéngwéi
向往 有山 有水的自然风景，于是旅游 成为

tāmen de gòngtóng àihào. Zài "Xiǎo chángjiǎ qījiān", yóuyú
他们的 共同 爱好。在“小 长假 期间”，由于

shòudào shíjiān de xiànzhì, tāmen bú huì qù tài yuǎn de dìfang,
受到 时间的 限制，他们不会去太 远 的地方，

ér zhǐshì zài chéngshì de zhōubiān huódòng. Tōngcháng, tāmen
而只是在 城市 的 周边 活动。 通常 ，他们

huì xuǎnzé chéngshì zhōuwéi de zìrán fēngjǐngqū, yìqǐ páshān,
会选择 城市 周围 的自然 风景区，一起 爬山、

diàoyú. Érzài "Guóqìng chángjiǎ" qījiān tāmen huì zǒude
钓鱼。而在“国庆 长假”期间，他们 会 走得

gèngyuǎn yīxiē Cóng fēnluàn de chéngshìzǒu chūlai, hūxī yíxià
更远 一些。从 纷乱的 城市 走出来，呼吸 一下

dàzìrán de xīnxiān kōngqì, kànkan fēngjǐng, měigèrén shēnxīn
大自然的新鲜空气，看看风景，每个人身心
dōu dédào le fàngsōng.
都得到了放松。

Mùqián zài Zhōngguó de niánqīngrén zhōngjiān, liúxíngzhe
目前在中国的年轻人中间，流行着
zhèyàng yì zhǒng guānniàn: Chūqu lǚyóu yí cì de fèiyòng,
这样一种观念：出去旅游一次的费用，
zài dà chéngshì li, lián yì píngfāngmǐ de fángzi dōu mǎi bù
在大城市里，连一平方米的房子都买不
qǐ, dànshì lǚyóu guīlái zhīhòu, rén de guānniàn huì fāshēng
起，但是旅游归来之后，人的观念会发生
biànhuà, kěnéng cóngcǐ jiù bù xiǎng zài mǎi fángzi le.
变化，可能从此就不想再买房子了。

凤凰古城

Zhèyàng de guānniàn, yǔ Zhōngguó gǔrén “dú wàn juàn shū,
这样的观念，与中国古人“读万卷书，
xíng wànlǐ lù
行万里路 (read ten thousand books, travel ten
” de pǔsù sīxiǎng yǒuxiē lèisì. Yí gè
thousand miles.)”的朴素思想有些类似。一个
rén de yuèlì duō le, jiànshi duō le, xiǎngfǎ zìrán huì
人的阅历多了，见识多了，想法自然会
yǒusuǒ bùtóng.
有所不同。

Wáng Xīn tāmen zhèng shì xiàndài dūshì li nà qún yòu
王欣他们正是现代都市里那群又
néng yòngxīn gōngzuò, yòu dǒngde xiǎngshòu shēnghuó de rén.
能用心工作，又懂得享受生活的人。
Zài yícì yòu yícì de lǚxíng zhōng, tāmen kāikuò shìyě,
在一次又一次的旅行中，他们开阔视野，
zēngzhǎng jiànshí, jīxù néngliàng, jiāshēn yǒuyì, fēngfù
增长见识，积蓄能量，加深友谊，丰富
rénshēng Tànxún biéyàng de fēngjǐng chéngwéi yuèláiyuèduō
人生。探寻别样的风景成为越来越多
dūshìrén de rénshēng zhuīqiú
都市人的人生追求。

Yǒuqù De Chéngshì Biéchēng

有趣的城市别称

Zhōngguó de hěn duō chéngshì dōu yǒu lìngwài yí gè míngzì, yě jiù shì biéchēng. Biéchēng dàibiǎole yí zuò chéngshì zài mǒuxiē fāngmiàn de tèdiǎn, huòzhě dàibiǎole yí zuò chéngshì zuì yǒu tèsè de shìwù huòzhě jǐngsè.

中国的很多城市都有另外一个名字，也就是别称。别称代表了一座城市在某些方面的特点，或者代表了一座城市最有特色的事物或者景色。

"Shēnchéng" — Shànghǎi. Shànghǎi lìshǐ yōujiǔ, zài Chūnqiū Zhànguó shíqī, Shànghǎi zhège dìfang shǔyú Chǔguó.

"申城"——上海。上海历史悠久，在春秋战国时期，上海这个地方属于楚国。

上海外滩

Chǔguó de guówáng shífēn xǐ'ài tā de dàchén Huáng Xiē,
楚国的国王十分喜爱他的大臣黄歇，
biàn bǎ dāngshí Shànghǎi suǒzài de qūyù cì gěi
便把当时上海所在的区域赐 (to bestow) 给
le Huáng Xiē, bìng fēng tā wéi Chūnshēnjūn. Yīnwèi yǒu yì
了黄歇，并封他为春申君。因为有一
tiáo dàjiāng liúguò zhèli, rénmen wèile jìniàn tā, gěi zhè tiáo
条大江流过这里，人们为了纪念他，给这条
jiāng qǔmíng "Huángpǔ Jiāng", hòulái yòu gēnjù fēnghào
江取名"黄浦江"，后来又根据封号 (title)
qǔmíng "Chūnshēn Jiāng". Chūnshēn Jiāng liúguò de zhè piàn
取名"春申江"。春申江流过的这片
tǔdì, hòulái yě bèi chēngwéi "Shēn". Zhè jiù shì Shànghǎi
土地，后来也被称为"申"。这就是上海
bèi chēngzuò "Shēnchéng" de yóulái.
被称作"申城"的由来。

"Jiāngchéng" — Wǔhàn. Tángcháo zhùmíng shīrén Lǐ
"江城"——武汉。唐朝著名诗人李
Bái céng zài Wǔhàn Huánghè Lóu shang xiěguo yì shǒu shī: "Yī
白曾在武汉黄鹤楼上写过一首诗："一
wéi qiān kè qù Chángshā, xī wàng Cháng'ān bú jiàn jiā.
为迁客去长沙，西望长安不见家。
HuánghèLóu zhōng chuī yù dí, Jiāngchéng wǔ yuè luò méihuā."
黄鹤楼中吹玉笛，江城五月落梅花。"
Zuìhòu yí jù zhōng de "Jiāngchéng", bèi rénmen yònglái
最后一句中的"江城"，被人们用来
chēnghu Wǔhàn, bìng yányòng zhìjīn. Zhè shǒu shī rújīn
称呼武汉，并沿用至今。这首诗如今

réngrán bèi kè zài chóngxīn xiūjiàn de Huánghè Lóu nèi.
仍然被刻在重新修建的黄鹤楼内。

"Shuǐchéng" — Sūzhōu. Sūzhōu yídài, héliú
"水城"——苏州。苏州一带，河流

zhòngduō, shì nèi gèng shì jiāngnán shuǐ wǎng de zhōngxīn,
众多，市内更是江南水网的中心，

tóngshí yě shì Zhōngguó héliú zuì wéi mìjí de qūyù.
同时也是中国河流最为密集的区域。

Zhōngguó Míngdài yǒu yí wèi zuòjiā xiěguò "xiǎoqiáo liúshuǐ
中国明代有一位作家写过"小桥流水

rénjiā" de míng jù, yònglái xíngróng Sūzhōu zuì wéi héshì.
人家"的名句，用来形容苏州最为合适。

Sūzhōu shìnèi shuǐxiàng fùzá, qiáoliáng zhòngduō, sìtōng-bādá
苏州市内水巷复杂，桥梁众多，四通八达

de liánjiēzhe chāoguò chù de yuánlín jǐngguān, zhè zài
地连接着超过200处的园林景观，这在

Zhōngguó shì dúyǒu de, yīncǐ, Sūzhōu yǒule "Shuǐchéng"
中国是独有的，因此，苏州有了"水城"

de biéchēng. Sūzhōu xiànzài yuèláiyuè guójìhuà, gèng yǒule
的 别称。苏州现在越来越国际化，更有了
“Dōngfāng Wēinísī” de měiyù.
“东方威尼斯”的美誉。

“Wùdū”, “Shān chéng” — Chóngqìng. Chóngqìng
“雾都”、“山城”——重庆。重庆
kěyǐ shuō chéng zài shān shang, shān zài chéng zhōng,
可以说城在山上，山在城中，
chéngshì yǔ shān hé èr wéi yī, suǒyǐ bèi chēngwéi
城市与山合二为一，所以被称为
“Shānchéng”. Yòu yīnwèi Chóngqìng xiàjì màncháng yánrè,
“山城”。又因为重庆夏季漫长炎热，
dōngjì duǎnzàn wēnnuǎn, chángnián yīnyǔ liánmián, quēshǎo
冬季短暂温暖，常年阴雨连绵，缺少
rìzhào, suǒyǐ Chóngqìng duōwù, wùtiān zuì duō de niánfèn,
日照，所以重庆多雾，雾天最多的年份，
quán nián duō tiān wùqì bú sàn. Yīncǐ Chóngqìng yǒule
全年 100 多天雾气不散。因此重庆有了
“Wùdū” de biéchēng.
“雾都”的别称。

“Yángchéng” — Guǎngzhōu. Zhège biéchēng de yóulái,
“羊城”——广州。这个别称的由来，
yǒu yí gè fēicháng làngmàn de chuánshuō. Xiāngchuán zài
有一个非常浪漫的传说。相传在
Zhōucháo de shíhou, Chǔguó jìngnèi de yí zuò chéngshì, yě
周朝的时候，楚国境内的一座城市，也
jiù shì rújīn Guǎngzhōu suǒzài de wèizhì, yīnwèi liánnián de
就是如今广州所在的位置，因为连年的

广州

zāihài, dǎozhì tiándì huāngwú, jīhuāng chéng zāi. Yǒu yì
灾害，导致田地荒芜，饥荒成灾。有一

tiān, rénmen fāxiàn tiānkōng zhōng chūxiànle wǔ wèi xiānrén,
天，人们发现天空中出现了五位仙人，

fēnbié chuānzhe wǔ zhǒng yánsè de yīfu, qízhe wǔ zhī
分别穿着五种颜色的衣服，骑着五只

yáng, jiàngluò zài zhèli. Měi zhī yáng de zuǐ li dōu xián
羊，降落在这里。每只羊的嘴里都衔 (hold

zhe yì kē dàosuì. Xiānrén bǎ wǔ
in the mouth) 着一棵稻穗 (rice ear)。仙人把五

zhī yáng liúxià, bìng bǎ yáng zuǐ li de dàosuì sònggěi
只羊留下，并把羊嘴里的稻穗送给

dāngdìrén, zhùyuàn tāmen yǒngyuǎn bù zāoshòu jīhuāng zhī kǔ.
当地人，祝愿他们永远不遭受饥荒之苦。

Ránhòu xiānrén jiù líkāi le. Cóng nà shíhou qǐ, Guǎngzhōu
然后仙人就离开了。从那时候起，广州

guǒrán méiyǒu le jīhuāng, bìngqiě fùyù qǐlai le. Liǎng qiān
果然没有了饥荒，并且富裕起来了。两千

duō nián lái， Guǎngzhōu yìzhí dōu bèi chēngwéi “Yángchéng”.
多年来，广州一直都被称为“羊城”。

“Chūnchéng”— Kūnmíng. Kūnmíng zhè zuò chéngshì qìhòu fēicháng hǎo, xiàtiān bú rè, dōngtiān bù lěng, yì nián sìjì dōu wēnnuǎn-rúchūn. Yīnwèi qìhòu wēnhé, yǔshuǐ chōngzú, suǒyǐ Kūnmíng shìnèi de zhíwù dōu shēngzhǎng de jíwéi màoshèng, chángnián yí piàn lǜsè. Yīnwèi sìjì-rúchūn, suǒyǐ Kūnmíng déle “Chūn chéng” de biéchēng.
“春城”——昆明。昆明这座城市气候非常好，夏天不热，冬天不冷，一年四季都温暖如春。因为气候温和，雨水充足，所以昆明市内的植物都生长得极为茂盛，常年一片绿色。因为四季如春，所以昆明得了“春城”的别称。

“Rìguāng chéng”— Lāsà. Lāsà wèiyú Xīzàng, hǎibá hěn gāo. Yīnwèi dìlǐ shang de tèdiǎn, Lāsà rìzhào shíjiān hěn cháng, píngjūn měi tiān yǒu gè duō xiǎoshí de yángguāng zhàoshè, yuǎnyuǎn duōyú qítā chéngshì, suǒyǐ Lāsà bèi chēngwéi “Rìguāngchéng”.
“日光城”——拉萨。拉萨位于西藏，海拔很高。因为地理上的特点，拉萨日照时间很长，平均每天有8个多小时的阳光照射，远远多于其他城市，所以拉萨被称为“日光城”。

“Quánchéng”— Jǐnán. Jǐnán shìnèi quánshuǐ
“泉城”——济南。济南市内泉水

zhòngduō, gòng yǒu sì dà quányù, shí dà quánqún,
众多，共有四大泉域、十大泉群、
qīshíèr míngquán, qībǎi duō gè dàdàxiǎoxiǎo de tiānrán
七十二名泉、七百多个大大小小的天然
quán, shì yí zuò tiānrán quánshuǐ bówùguǎn. Jǐnán de
泉，是一座天然泉水博物馆。济南的
quánshuǐ búdàn shùliàng zhòngduō, xíngzhuàng hé tèdiǎn yě gè
泉水不但数量众多，形状和特点也各
bù xiāngtóng, érqiě gè yǒu gè de jīngcǎi. Zài Jǐnán,
不相同，而且各有各的精彩。在济南，
jīngcháng huì jiàndào "qīngquán shí shàng liú" de dútè
经常会见到“清泉石上流”的独特
jǐngguān, Jǐnán yīncǐ bèi yùwéi "Quánchéng".
景观，济南因此被誉为“泉城”。

济南趵突泉

"Bīngchéng" — Hā'ěrbīn. Hā'ěrbīn shì zhōngguó zuì
"冰城"——哈尔滨。哈尔滨是中国最
běiduān de dà chéngshì, dōngjì màncháng hánlěng, xiàjì
北端的大城市，冬季漫长寒冷，夏季
liángshuǎng, suǒyǐ bīngxuě wénhuà zài Zhōngguó yǒu hěn dà de
凉爽，所以冰雪文化在中国有很大的
míngqi. Hā'ěrbīn měi nián dōu yào jǔxíng "Bīngxuějié" hé
名气。哈尔滨每年都要举行"冰雪节"和
"xuěbóhuì", zài cǐ qījiān, quán shìjiè de bīngdiāo, xuědiāo
"雪博会"，在此期间，全世界的冰雕、雪雕
àihàozhě dōu láidào zhèli zhǎnxiàn yìshù cáihuá, chuàngzuò
爱好者都来到这里展现艺术才华，创作
jīngměi de bīngxuě yìshù jīngpǐn. Dōngjì de Hā'ěrbīn shìqū
精美的冰雪艺术精品。冬季的哈尔滨市区
nèi, jiēdào liǎngpáng dōu huì bǎifàng nèizhìle cǎi dēng de
内，街道两旁都会摆放内置了彩灯的
bīngdiāo zuòpǐn, měidāng yèwǎn láilín de shíhou, dēngguāng
冰雕作品，每当夜晚来临的时候，灯光
zhàoshèzhe bīng kuài, gěi chéngshì zēngtiānle tèbié de jǐngsè.
照射着冰块，给城市增添了特别的景色。

策　　划：黄友义　王君校　韩　晖　付　眉
责任编辑：杨　晗
英文编辑：范逊敏　薛彧威
封面设计：何思倩

图书在版编目（CIP）数据

都市情怀：汉英对照 / 袁牧编著. -- 北京:华语教学出版社, 2018.10
（当代中国微记录）
ISBN 978-7-5138-1513-0

Ⅰ. ①都… Ⅱ. ①袁… Ⅲ. ①汉语－对外汉语教学－语言读物 Ⅳ. ①H195.5

中国版本图书馆CIP数据核字(2018)第214474号

都市情怀

袁　牧　王伟明　彭博　编著

*

华语教学出版社有限责任公司出版
（中国北京百万庄大街24号　邮政编码100037）
电话：(86)10-68320585　68997826
传真：(86)10-68997826　68326333
网址：www.sinolingua.com.cn
电子信箱：hyjx@sinolingua.com.cn
北京玺诚印务有限公司印刷
2019年（32开）第1版
2019年第1版第1次印刷
ISBN 978-7-5138-1513-0
定价：29.00元